que mundo é esse?

trabalho infantil
o difícil sonho de ser criança

cristina porto
ficcionista
iolanda huzak
fotógrafa
jô azevedo
jornalista

editora ática

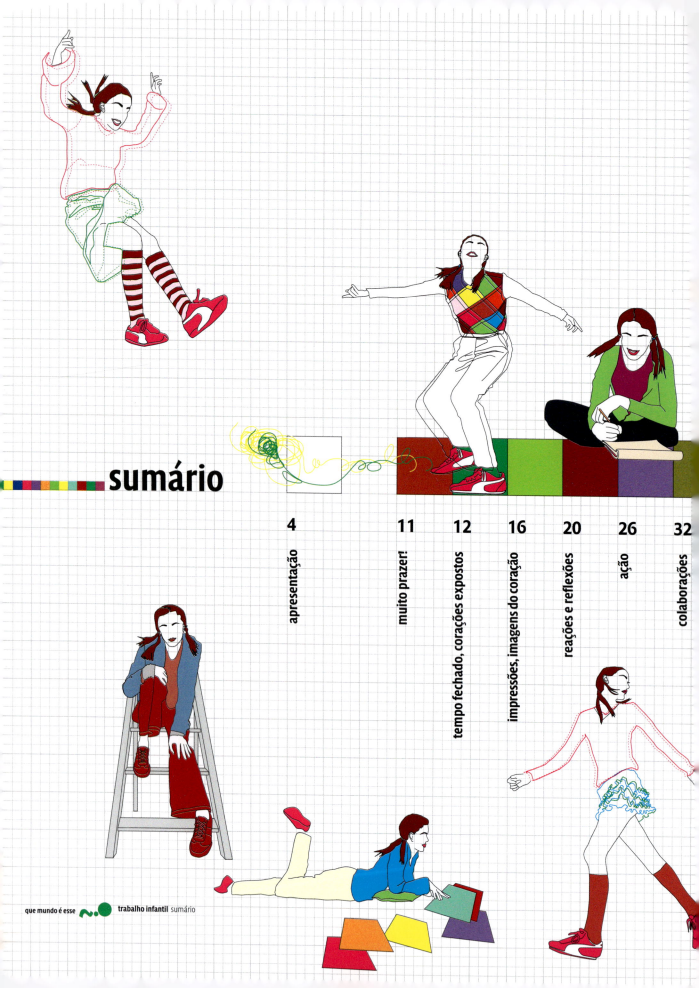

sumário

4 apresentação
11 muito prazer!
12 tempo fechado, corações expostos
16 impressões, imagens do coração
20 reações e reflexões
26 ação
32 colaborações

que mundo é esse · trabalho infantil sumário

4

apresentação

O trabalho infantil é uma das formas mais cruéis de se negar o futuro ao ser humano. Perdendo a infância para ajudar no sustento da família, a criança deixa de estudar e perde a possibilidade de se tornar um cidadão apto a enfrentar os enormes desafios do mundo contemporâneo.

Apesar de oficialmente proibido pelo Estatuto da Criança e do Adolescente [ECA], em 1990, o trabalho infantil é ainda uma triste realidade no Brasil. São milhões de pequenos brasileiros que desconhecem a educação e o lazer! São meninos e meninas que não podem brincar, ir à escola, que não podem ser crianças.

Este livro tem como base pesquisas em artigos de revistas e jornais, teses, outras publicações e reportagens e fotos feitas entre 1993 e 2000. Como a realidade social é dinâmica, algumas das situações aqui mostradas podem ter se alterado, mas com certeza há muito o que fazer.

Assim como Madalena, você vai se emocionar com as histórias dessas crianças, que enfrentam longas jornadas de trabalho, em condições quase sempre desumanas. E, assim como essa garota decidida, você também vai perceber que é possível sensibilizar outras pessoas, e juntos fazer algo, por pequeno que seja, para melhorar o mundo em que vivemos.

Os editores

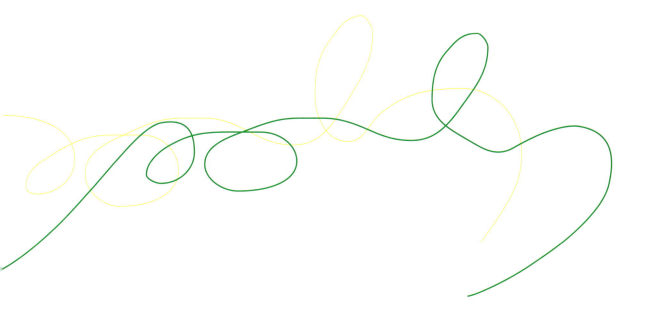

6

agradecimentos

que mundo é esse **trabalho infantil** agradecimentos

A tia Bel, que luta para tirar as crianças do trabalho nos lixões, em Santana de Parnaíba, SP;

À Associação dos Pequenos Agricultores do Estado da Bahia, de Valente, terra de gente que só justifica o nome da cidade;

Ao Projeto Axé, que tem feito um fecundo e vitorioso trabalho junto às crianças e adolescentes carentes, em Salvador, na Bahia;

Ao pessoal da Secretaria de Ação Comunitária e Cidadania de Santos, São Paulo, que tanto tem feito para minorar o terrível problema da prostituição infantil;

A todos, o meu muito obrigada.

Cristina Porto

O fotógrafo de hoje deve muito aos pioneiros dos dois séculos anteriores. Por isso, quero deixar aqui meus agradecimentos a vários deles. Especialmente a Lewis Hine, precursor da fotografia social norte-americana que, entre 1907 e 1917, documentou a vida dos filhos dos imigrantes, explorados na indústria têxtil, nas fábricas de alimentos, nas minas de carvão e nas ruas, em jornadas desumanas. Suas fotos fizeram os legisladores dos Estados Unidos proibir o trabalho infantil naquele país.

No Brasil, fotógrafos reconhecidos ou anônimos foram às ruas e registraram as transformações das cidades, onde a criança trabalhadora estava presente. Hoje são documentos preciosos, que ajudam a contar a história da infância brasileira.

Iolanda Huzak

Agradeço a todos que sabem que a batalha contra o trabalho infantil é longa, mas possível; a Iolanda Huzak, amiga e companheira; a Cristina Porto, pelo seu dom de escrever; à editora Ática, pela iniciativa deste livro; aos que me ajudaram nesse trabalho, com informações preciosas: Oriz de Oliveira; Irandi Pereira; Marcelo Pedroso Goulart; Raquel Benedetti; Ismael Ferreira; Keley Cristiano Vago Cristo; Gidalva Strey; Antonio Luiz Carlini; Cláudio Guerra; Fórum Lixo e Cidadania; Fórum Nacional de Prevenção e Erradicação do Trabalho Infantil; Irma Rizzini; Luiz Gonzaga; e o Núcleo de Assessoria, Planejamento e Pesquisa (Napp/RJ).

Jô Azevedo

8

lixão

o começo de tudo

lavoura de cana-de-açúcar

lavoura de café

extração de resina

muito prazer!

"Quem viu essa menina nascer não diria que ela ia vingar como vingou!"

Pois é... Cresci ouvindo mais ou menos isso, principalmente dos mais velhos, a começar da minha avó Laurita. Nasci prematura, de sete meses. Minha mãe vive dizendo que se soubesse que eu ia ser assim, tão apressada, tão ligeirinha, teria escolhido um nome mais curto. Lena, talvez, nem Helena, muito menos Madalena, nome que herdei da minha bisavó.

Só que não é bem assim. Se pensasse um pouco mais, minha mãe, que me conhece tão bem, diria que nasci muito curiosa, com uma vontade enorme de conhecer, descobrir, investigar, querer saber o porquê de tudo. Se pudesse, teria mais dois olhos atrás da cabeça e dois do lado, perto das orelhas, para enxergar tudo ao mesmo tempo. Isso sem falar em mais mãos, para poder pegar um monte de coisas, e mais pernas e pés, para andar mais rápido.

Brincadeira... A verdade é que eu não gosto de perder tempo, só isso, não durmo no ponto, estou sempre de antenas ligadas, preocupada em saber tudo o que se passa à minha volta.

Mas que uma coisa fique clara: não concordo com quem diz que dormir é perder tempo, é deixar de viver. Esses, sim, é que são apressados — e o apressado come cru, como diz o ditado. Se não tenho minhas sete, oito horas de sono, bem-dormidas, sou outra pessoa no dia seguinte: chata, mal-humorada, nem eu me aguento!

Outra coisa: quando tenho que contar alguma coisa, posso até me demorar um pouco mais falando, mas, se tiver que contar escrevendo, sou curta e direta, vapt-vupt!

"Sempre foi assim, desde pequena", diz meu pai. "Essa menina não tem rodeios!"

"Pen-sei que quan-do fi-cas-se mo-ci-nha, mais a-ma-du-re-ci-da, e-la ia se a-cal-mar um pou-co, mas que na-da!" — frase do meu avô Maneco, que é um amor de pessoa, mas fala, assim, por sílabas, e ainda mais devagar, quase parando, quando sabe que estou ouvindo. Ainda bem que não puxei isso dele!

Pois bem. Eu, Madalena, vivi, no ano que passou, uma experiência que mexeu fundo, não só comigo, como com todo mundo que me conhece e até que não me conhece pessoalmente.

E foi pensando em mexer com muito mais gente ainda que resolvi juntar e organizar todo o material escrito que acumulamos, acrescentando algumas impressões pessoais que fui anotando aqui e ali, ao longo de todo esse tempo.

Qual foi o assunto que balançou tanta gente? A exploração do trabalho infantil no nosso país. E, agora que você já me conhece um pouco, não vai estranhar se eu entrar direto no assunto, como é de meu feitio...

tempo fechado, corações expostos

Acabei vendo a exposição das fotos de crianças trabalhando por acaso, naquele sábado quente e abafado de fevereiro. Na verdade, tinha ido até o Espaço Cultural por causa de um amigo meu, o Artur, que ganhou um concurso de fotos para iniciantes. Acontece que o tempo fechou de repente, caiu uma tempestade, e tive de ficar ali mais tempo do que pretendia.

Comecei a olhar, meio que sem ver, realmente, contrariada por ter sido obrigada a alterar meus planos. Mas, pouco a pouco, meus olhos começaram a ficar presos àquelas imagens tão fortes, tão marcantes!

O que mais me impressionou? A expressão de infinita tristeza que havia nos olhos da grande maioria das crianças retratadas. Poucos sorrisos, pouca manifestação de alegria. Fisionomias pesadas, fechadas, às vezes alheias, ausentes.

Fui por um lado, voltei pelo outro, e o que vi foi apenas isso, pois não conseguia tirar meus olhos do olhar daquelas crianças. Mas a exposição era sobre o trabalho que elas faziam, sofrendo todo tipo de exploração por parte de adultos, muitas vezes em regime de quase escravidão. Eu me lembrava de ter lido isso no folheto explicativo que estava sendo distribuído na entrada. Resolvi voltar e tentar prestar mais atenção.

Só então pude perceber que as fotos mostravam um apanhado histórico do problema, desde o fim do século XIX — quando a escravidão ainda não havia sido abolida — até os nossos dias. O mais espantoso é que muitas cenas se repetiam em tempos e espaços diferentes! Fotos tiradas em períodos distintos apresentavam uma semelhança incrível! E o mais triste é que isso significava que a situação pouco tinha mudado de lá para cá, mais de um século depois.

Augusto Malta/Iconografia

Jornaleiro, 1910: crianças sempre trabalharam na venda de jornais ou como engraxates nas cidades brasileiras. Mas esta imagem é rara, pois revela as condições de vida e trabalho desses pequenos.

Marc Ferrez/Instituto Moreira Salles

■ Colheita do café, 1882: os pequenos escravos trabalhavam desde os 7 anos. Aos 12, seu preço dobrava, pois já podiam trabalhar mais, e aos 15, eram considerados adultos. Faziam parte das propriedades da fazenda, como os objetos dos senhores. Quando o dono morria, seus familiares os herdavam.

Quando saí dali, ainda zonza com o que tinha acabado de ver, dei de cara com Artur.

— E aí, Madalena? Que cara é essa? Não gostou da minha foto?

— Sua foto?

— É, a minha... Afinal, você veio aqui para quê?

— Claro, Artur, claro... Desculpe... Adorei sua foto, adorei mesmo! Mas acontece que acabei vendo aquela exposição das crianças, sabe, enquanto esperava a chuva passar.

— Ah, então é isso... Agora dá pra entender essa cara de nocauteada. Também saí desse jeito quando vi aquelas fotos. Bem, que tal um cineminha pra gente mudar um pouco de cenário?

— Ótima ideia! Mas só se for uma boa comédia!

Fundação Pró-Memória — S. C. do Sul

Funcionários das Indústrias Aliberti, 1937: os locais de trabalho na indústria têxtil eram insalubres e as jornadas chegavam a 14 horas por dia.

Olaria da Companhia Melhoramentos de São Caetano, 1911: crianças eram parte do operariado das olarias, como esta, de imigrantes italianos.

Fundação Pró-Memória — S. C. do Sul

que mundo é esse **trabalho infantil** tempo fechado, corações expostos

Defumação do látex, Pará, 1908: muitos nordestinos fugidos das secas de 1870 se tornaram seringueiros na floresta Amazônica e, com a família, trabalhavam em condições insalubres. A produção de borracha absorveu mais de cem mil pessoas, entre 1870 e 1920.

Iconografia

16

impressões, imagens do coração

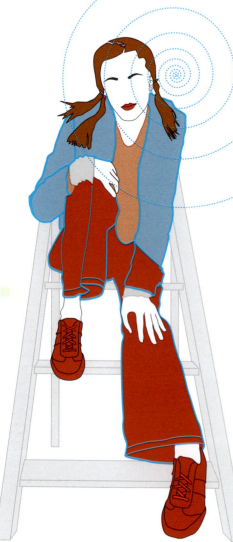

Vários dias se passaram depois daquela exposição, e as imagens não me saíam da cabeça. O mais incrível é que, a partir daí, parece que passei a enxergar com outros olhos. Era como se o olhar triste daquelas crianças tivesse mudado a minha maneira de olhar, fazendo com que eu realmente enxergasse muita coisa que antes apenas via. Parece até que eu estava percebendo pela primeira vez a diferença entre ver, olhar e enxergar.

Comecei a ler tudo o que saía sobre o assunto nos jornais, a prestar mais atenção em tudo o que aparecia na televisão e aquelas mesmas cenas terríveis, que as fotos já haviam me mostrado, começaram a povoar minha cabeça, provocando uma sensação de desconforto. Mas a impressão que ficava sempre era a de ter visto um filme, ter lido trechos de um livro, ou seja, uma história fictícia. Por isso, quando soube que Silvana, a melhor amiga da minha mãe, fazia um trabalho voluntário em um daqueles "cenários", um lixão, resolvi pedir pra ir junto.

A reação da minha família? Pai preocupado, querendo conversar, mãe assustada, querendo aconselhar, eu procurando ouvir e protestar...

Era sempre assim: eles tentavam me brecar, fazer com que eu parasse um pouco pra pensar, tentavam me convencer a não entrar de cabeça nas coisas, não mergulhar, para não sair machucada, e eu até concordava, mas nem sempre conseguia mudar de atitude. Até que os dois desistiam: meu pai ficava vigiando, eu sentia, minha mãe, rezando, isso eu via e ouvia.

Bem, foi assim que numa manhã de sábado a Silvana (ainda bem que ela era a melhor amiga da minha mãe, isso ajudou muito) passou pra me pegar. Levava livros e brinquedos; disse que queria plantar ali, junto com as crianças, a semente do sonho.

Apesar de não haver entendido, achei melhor não perguntar nada. Queria ver, primeiro. Só ver. E você quer saber o que vi naquele cenário do filme que já havia passado na minha cabeça não sei quantas vezes?

que mundo é esse **trabalho infantil** impressões, imagens do coração

Vi várias pessoas — homens e mulheres, adultos, jovens e crianças — esperando ansiosamente a chegada do caminhão que traria o lixo recolhido das nossas casas. Quando ele chegou, essas mesmas pessoas, mais ansiosas ainda, tentavam se aproximar o máximo possível para ver se alguma coisa de valor ia ser despejada pelo caminhão. Sem nenhuma proteção, começaram, então, a remexer o lixo que vinha de não sei quantos banheiros, não sei quantas cozinhas, não só de casas, como de restaurantes, fábricas, lojas, farmácias, lanchonetes...

Conversando com um senhor, fiquei sabendo que eles separavam o material que poderia ser aproveitado, para vender depois. Não sei por quanto, pois não tive coragem de perguntar. Disse também que de vez em quando achavam alguma comida que ainda dava para comer. E que as crianças encontravam, muitas vezes, algum brinquedo em bom estado. Que bom estado era esse, tanto da comida quanto do brinquedo, não me pergunte. É melhor nem pensar.

Ao lado das pessoas, cachorros e cavalos fuçavam, buscando o que comer.

Acho que nem preciso tentar descrever o cheiro que todo esse lixo exalava. Mesmo porque não ia conseguir, pois ao odor dos detritos se misturava, dentro de mim, o cheiro ainda mais podre da revolta, da indignação e da vergonha.

Como era possível que alguns seres humanos tivessem que sobreviver à custa de lixo? E aquelas pessoas, com a ponta de amor-próprio que ainda lhes restava, diziam que era melhor sobreviver do lixo do que roubar e assaltar!

Bem ao lado do terreno onde o lixo era despejado, ficava o amontoado de barracos onde as pessoas viviam. E foi para um desses que eu fui, depois, com a amiga da minha mãe e outras pessoas, voluntárias como ela, que dispunham de algumas horas do seu tempo para dedicar às crianças. Eram os filhos dos catadores de lixo, recolhidos pela tia Bel em um barraco que agora funcionava como uma espécie de creche.

Crianças não percebem o perigo a que estão expostas no ambiente insalubre dos lixões.

Bel foi uma das pessoas mais especiais que já conheci. Líder na comunidade, começou a recolher e a cuidar das crianças que acompanhavam os pais na catação do lixo, porque não tinham com quem ficar em casa. Mais que carinho e amor, ela deu a vida à sua causa: a de ajudar as suas oitenta crianças a trilhar um caminho melhor.

Fiquei ali um tempão, mais olhando que outra coisa, esperando que as crianças me solicitassem, para só então reagir. E sabe o que elas mais pediam? Colo, atenção, carinho.

Saímos de lá em silêncio, Silvana e eu, e assim percorremos um bom trecho do caminho.

— E então, Madalena, o que é que você achou?

— Bem, ainda não dá pra dizer muita coisa... Só sei que a figura da Bel vai me acompanhar por muito tempo, tenho certeza. Ela consegue fazer a gente sentir que nem tudo está perdido! Que a gente pode e deve fazer alguma coisa!

— É, entendo bem o que você está sentindo. Também senti a mesma coisa, quando a conheci. E acho que foi ela que não só me sensibilizou, como me mobilizou para começar este trabalho, que nem trabalho é, a bem da verdade, são apenas duas horas por semana que passei a dedicar a essas crianças.

— Você leva livros e brinquedos para que elas se tornem capazes de sonhar, não é?

— É, só assim vão poder viajar, conhecer novos lugares, novas pessoas, novos cenários, paisagens diferentes daquela em que foram obrigadas a viver, um cenário tão árido, tão triste e deprimente!

Foi o que conversamos no caminho de volta até a minha casa.

— Tchau, Madalena, mande um beijo pra sua mãe. E se quiser ir comigo, um outro dia, é só avisar, tá?

— Tá legal. Obrigada, Silvana. Até mais!

A dura luta para acabar com os lixões

Criado em **1999** para retirar as crianças dos lixões, o Fórum Lixo e Cidadania reúne hoje **49** instituições governamentais e não governamentais do país todo. Naquela época, o escritório de Brasília do Unicef identificou **45 mil** crianças e jovens trabalhando nos lixões.

Desde então, **17** estados organizaram seus fóruns, e o sistema de bolsa-escola e jornada ampliada já retirou mais de **13 mil** crianças dos lixões de **194** municípios brasileiros. O problema não é só afastar as crianças, mas garantir a sobrevivência das famílias, ligadas à recuperação de materiais recicláveis. Acabar com os lixões a céu aberto significa pensar em outras formas de as cidades destinarem seu lixo, o que é um processo longo.

que mundo é esse · trabalho infantil impressões, imagens do coração

Famílias inteiras em meio aos animais disputam o lixo descarregado pelos caminhões: plásticos, latas e vidros, que vão separar para vender.

As crianças correm o risco de ser atropeladas pelos caminhões, que descarregam o lixo, e outras máquinas nos lixões.

reações e reflexões

Isso foi apenas o começo. Daquele dia em diante, sem medo de exagerar, acho que nunca mais fui a mesma. Continuei não só indo ao lixão com a Silvana, sempre que podia, mas comecei a me interessar também pela história de outras crianças que talvez não tivessem tido, dentro de toda a tristeza em que viviam, a sorte de contar com uma tia Bel que cuidasse delas e conseguisse mobilizar outras tantas pessoas para ajudá-la nesse trabalho. Comecei a me informar sobre a vida de outras crianças que eram exploradas de outra maneira, em outros tipos de trabalho, por outras pessoas. Como fiz isso? Lendo, perguntando, pesquisando... E, quanto mais indignada ficava, mais vontade me dava de pôr a boca no mundo, gritar, denunciar, sacudir as pessoas, despertá-las para esse lado tão feio, cruel e vergonhoso da nossa *realidade*! A gente, a sociedade, também tinha o dever de procurar fazer alguma coisa para mudar essa situação!

Até que um dia me deu o estalo.

"Já sei! Vou começar a escrever sobre tudo isso. Depois resolvo o que fazer com os textos."

Comecei pelas crianças dos canaviais, pois já sabia muita coisa a respeito da vida que levavam.

Trabalhando com instrumentos perigosos, mas ignorando esse fato, muitas vezes as crianças se tornam vítimas de acidentes mutiladores.

Uma história que se repete há séculos: crianças que não conseguem sonhar com uma vida diferente quando seus olhos só enxergam no horizonte o canavial.

O corte dos sonhos

"Fui cortar a cana no meio, a faca enganchou na palha e resvalou. Estava no engenho e tive que pedir autorização do cabo para ir ao hospital da cidade, com aquela sangueira toda. Cheguei à uma da tarde, mas só fui atendido à 1 da madrugada, no Recife, pois não tinha médico de osso. Fiquei 11 dias com a mão enfaixada, fiz fisioterapia, mas minha mão ainda não dobra. Agora, com o acidente, tenho ido à escola, pois gostaria de sair dessa vida. Mas é difícil. Vou à noite. Quando trabalhava, chegava às 9, para pegar às 4 na cana. Eu não posso deixar de trabalhar. Depois que meu pai morreu, fiquei tomando conta da minha mãe e de quatro irmãos mais novos."

Ronaldo, 15 anos, cortador de cana em Ipojuca, PE. [Huzak, I & Azevedo, J. *Crianças de fibra*. Rio de Janeiro/SP, Paz e Terra, 1994.]

Depoimento publicado numa revista, em uma série de reportagens sobre os cortadores de cana da Zona da Mata, em Pernambuco, em Campos, no estado do Rio de Janeiro, e no interior de São Paulo.

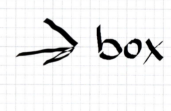

A Zona da Mata é a região onde se concentra a produção de cana-de-açúcar de Pernambuco.

É ali que um grande número de crianças trabalhava, e adolescentes como Ronaldo ainda trabalham, não só no corte da cana — a etapa mais perigosa do trabalho —, mas também na "limpa". Um jovem pode cortar mais ou menos uma tonelada de cana por dia, produção praticamente igual à de um adulto.

Você já pensou no que isso significa? Significa que, além de estarem desempenhando uma tarefa perigosa, pois correm o risco de sofrer acidentes graves, como Ronaldo, não podem frequentar a escola na época da safra da cana.

Com que futuro essas crianças sonham? Ou será que elas nem sonham?

O mesmo destino parecia estar reservado às crianças da região de Campos, no estado do Rio de Janeiro. Pelo menos é o que dá para concluir do depoimento de uma mãe, que li num livro de 1994:

"Comecei a cortar cana com 8 anos. Não podia, e os fiscais davam em cima. Aí, eu corria pra dentro dos canaviais e trabalhava assim mesmo. Um dia, o facão pegou no meu dedo com tanta força que quase tirou fora. Quebrei o braço. Papai tentou uma indenização com o fornecedor, mas não conseguiu. Minha mão ficou defeituosa. A gente tem medo que aconteça isso com as crianças, mas quem segura o compromisso é o pai, eles sabem que ele não consegue tirar sozinho o corte. Se não trabalhar, vão passar fome..."

Maria Lúcia, 31 anos. O marido, de 35 anos, e os filhos, de 7, 10 e 13 anos, trabalhavam no corte da cana. Cortando 200 metros, o máximo que conseguem fazer por dia, a família inteira recebe pouco mais de três dólares.

Bem, com o dólar valendo mais ou menos R$ 1,80, a família inteira não chega a receber R$ 6,00 por dia! E tem mais: as jornadas de trabalho chegam a 12 horas, sem intervalo para almoço ou descanso!

Dá pra acreditar?

24

A primeira história estava pronta. Aliás, duas histórias, pois eu também tinha registrado minhas impressões sobre a visita ao lixão, com a Silvana. Que bom! Mas... e agora? O que fazer com isso?

Resolvi mostrar para minha mãe, meu pai e meu irmão mais velho, na esperança de que eles me dessem alguma ideia.

A melhor de todas foi a do meu irmão Mateus:

— Por que você não transforma essas histórias em uma espécie de jornalzinho e coloca nos murais da escola? Depois você vê o que acontece. Posso ajudar, montando os textos no computador lá do trabalho, depois do expediente. É coisa rápida, faço num instante.

— Que legal, Mateus! Se você me ajudar, tenho certeza de que alguma coisa boa vai acontecer!

E aconteceu mesmo! Meu irmão trabalhou rapidinho, e em dois dias estavam prontas várias cópias das minhas primeiras histórias, que foram colocadas nos murais do colégio.

Você não pode imaginar a repercussão que tiveram! Depois de uma semana, a discussão do tema tinha tomado conta não só da minha classe mas do colégio inteiro!

É claro que nem todo mundo foi a favor — sempre tem gente do contra, em qualquer lugar, sem falar dos que nem se tocaram e permaneceram indiferentes até o fim.

Mas a grande maioria aderiu ou foi aderindo sem maiores resistências, e todos os participantes, sem exceção, acabaram se entusiasmando.

Incentivados pelos professores e orientadores, os alunos se mobilizaram e formaram vários grupos para pesquisar o tema da exploração do trabalho infantil no Brasil. O primeiro grupo, do qual eu fazia parte, ficou encarregado de fazer o levantamento dos principais tópicos a serem tratados dentro do assunto; num segundo momento, esses tópicos seriam distribuídos aos outros grupos formados, que se tornariam responsáveis pela pesquisa e elaboração do jornalzinho correspondente, que também seria afixado nos murais da escola.

Ficou combinado que faríamos várias cópias a mais de todos os jornais para que todo mundo pudesse levar alguns pra casa e fazer circular entre os vizinhos, amigos e conhecidos.

Ah, esqueci de dizer que cada grupo teria a orientação especial de um professor e que o primeiro grupo, aquele responsável pelo levantamento dos grandes tópicos, ficaria à disposição dos outros grupos para ajudá-los no levantamento das informações ou em alguma outra tarefa.

Assim, com o apoio do diretor do colégio, inclusive, meu modesto projeto inicial tomou proporções inesperadas! O eco ao meu primeiro grito veio muito mais cedo do que eu poderia supor.

que mundo é esse **trabalho infantil** reações e reflexões

"Criança precisa ir para a escola"

No ano **2000**, mais de **8 mil** crianças de **13** municípios do Rio de Janeiro foram beneficiadas com o programa bolsa-escola. Esse programa, criado em **1995**, oferecia um salário mínimo para as famílias que mantêm seus filhos de sete a catorze anos nas escolas.

No concurso de redação que a prefeitura de Quissamã realizou, Marques, um canavieiro de **13** anos, assim se expressou:

"O trabalho para mim é uma coisa que todo mundo é obrigado a fazer. Mas como inventaram esse projeto, eu estou muito contente porque eu não preciso mais trabalhar. Porque onde eu trabalhava era nas lavouras de cana-de-açúcar, capinando de enxada e muitas vezes cortando cana. Olha, era muito ruim porque a gente precisava acordar cedo e precisava trabalhar sem parar para ir à escola, e ficava muito cansativo. E digo mais: não é legal criança trabalhar porque a criança precisa ir para a escola para aprender."

ação

Pouco tempo foi necessário para que o nosso grupo levantasse os pontos que deveriam ser tratados nos jornais. Modéstia à parte, tenho que dizer que minha ajuda foi fundamental, pois já tinha acumulado muitas informações sobre o assunto, desde aquela exposição de fotos.

Assim, escolhemos, além do lixão e dos canaviais, o trabalho das crianças nas plantações de café, na extração da resina dos pinheiros, nas florestas de babaçu, nas plantações de tomate e de sisal. Falaríamos também sobre o trabalho na lavra do granito, nas olarias, nos garimpos e nas carvoarias. Trataríamos das crianças que se dedicam ao trabalho doméstico e das que trabalham ou vivem nas ruas, inclusive na prostituição. O trabalho das crianças nas indústrias, com destaque especial à produção de calçados, também seria abordado.

Pronto! Com os grupos formados e sabendo do assunto que deveriam tratar (determinado por sorteio), o próximo passo só poderia ser... "mãos à obra"!

Combinamos que cada grupo teria o tempo que precisasse para entregar o material, mesmo porque não se tratava de uma tarefa escolar. Para efeito de organização, procuraríamos editar os jornais baseados no seguinte critério: primeiro as crianças da zona rural, depois as da área urbana; na cidade, falaríamos das crianças que trabalham dentro e fora de casa e também nas fábricas. Se por acaso um grupo terminasse antes do previsto, nada impediria que a gente mudasse essa ordem.

Ufa! Trabalhar em equipe não é fácil, não! Ainda mais em uma equipe enorme como a nossa! Tem de ter muita organização, respeito às regras e critérios estabelecidos, caso contrário, vira bagunça mesmo!

Bem, já se passaram quase dois meses desde aquele sábado em que vi a exposição de fotos. Só que, diante de tudo o que aconteceu, esse período parece curtíssimo. Hoje, 1º de abril, Dia da Mentira, afixamos nos murais da escola nosso terceiro jornal, que revela a verdade de mais uma triste história: a vida das crianças que trabalham nos cafezais.

- Pausa para o descanso: a refeição do menino é um pedaço de pão, comido em meio ao mau cheiro e à sujeira dos lixões.

- Jovens e crianças que extraem resina não sabem que a mistura de ácido sulfúrico e óleo queimado, usada para fazer a resina escorrer, contém substância tóxica.

- Muitas crianças na agricultura são trabalhadores temporários, os boias-frias; dependem das safras de café, tomate, laranja, amendoim e outras culturas.

- Ciscadores de pequenos engenhos de rapadura trabalham até 12 horas por dia. O bagaço seco de cana serve de combustível para as caldeiras.

27

nosso jornal

o verde salpicado de vermelho

É muito difícil conhecer um brasileiro que não goste de um cafezinho cheiroso, passado na hora. Fraco ou forte, coado no velho bule com coador de pano, guardado na garrafa térmica ou feito nessas maquininhas modernas, o café é a mais brasileira das bebidas.

Há quem diga que café faz mal, que aumenta a agitação, o nervosismo, que se tomado à noitinha pode dar insônia... Por outro lado, há os que dizem que não acordam, realmente, enquanto não tomam a primeira xícara de café, que se não fazem isso ficam até com dor de cabeça.

Diferenças à parte, a verdade é que, além de tomado puro ou com leite, com o famoso pão com manteiga, o café também é usado para fazer doces, balas, sorvetes... Você já experimentou a bala de café adoçada com mel? Uma delícia! Impossível ficar só na primeira...

Só mais uma pergunta... Você já viu um cafezal na época em que os grãos de café ficam maduros, salpicando a arvorezinha de vermelho? Uma lindeza!

Mas, afinal, onde esse tipo de paisagem pode ser encontrado? Onde estão nossos cafezais?

Bem, o estado de Minas Gerais é o maior produtor de café do país, seguido por São Paulo e Espírito Santo, que dividem o segundo lugar. E é no estado capixaba, precisamente na cidade de São Roque do Canaã, que vivem Ilma, José Brás e seus quatro filhos: Roseli e Rosilene, gêmeas de 7 anos, Magno Júnior, de 12, e Ronivaldo, de 15.

O casal capixaba toma conta de nove mil pés de café para o dono, como meeiro: o proprietário tem as terras e o cafezal e empreita uma ou várias famílias de trabalhadores para cuidar dele. Ilma e Zé Brás ficam com a metade da produção pelo trabalho, mas têm de pagar a água e a eletricidade usadas, assim como os adubos e defensivos agrícolas.

O café é uma cultura difícil: cada lavoura precisa de três adubações por ano, desbrota (retirada dos galhos e brotos improdutivos), poda, capina, colheita, seca, pila, pulverização. O armazenamento também é complicado, pois se o café mofar, pode perder o sabor.

Ilma aprendeu todas as tarefas do café aos nove anos de idade com o pai, também meeiro. Tinha 13 irmãos; todos trabalhavam na lavoura: "Se tivesse de escolher entre roça e escola, ficava com a roça, gosto mais…", afirma.

Neste ano, seus meninos mais velhos começaram a receber uma bolsa-escola e a frequentar as atividades de jornada única de uma ONG que trabalha com crianças e adolescentes.

"Meus filhos sempre foram trabalhadores, mas nunca perderam um dia de aula. Nunca deixei faltar, não. Deu a hora, vai para o colégio. Depois disso é que eles vinham dar uma mão. Com seis, sete anos, todos foram para a escola. E começaram a me ajudar com essa idade. Mas não faziam igual adulto. Foram treinando, treinando… Agora, se deixar, eles fazem igual. Os meninos capinam, ajudam a colher café, na parte mais baixa, ajudam a ensacar, não deixo carregar, não ponho eles para abanar, que é muito pesado. O pai deles não deixa fazer isso, não, nem eu ele deixa fazer… Mas ainda tem muito menino que faz."

Antônio Luís Carlini, que trabalha no Sindicato dos Trabalhadores Rurais de Santa Teresa, disse que na divisa dessa cidade com Santa Maria do Jetibá, ambas situadas na mesma região de São Roque do Canaã, ainda são encontrados muitos adolescentes analfabetos: com 12, 13 anos, nunca foram a uma escola por conta do trabalho na roça.

Carlini falou sobre o sistema de colheita do café arábica, de melhor qualidade que o *conillon*, outro tipo cultivado na região, e explicou como é o trabalho na lavoura:

"Eles derrubam os grãos de café no chão, depois ajuntam, com um rastelo de madeira, e passam na peneira, para separar os grãos de terra. Esse serviço é tão pesado como lotar um caminhão de cerâmica. E existem até disputas, incentivadas pelos mais velhos, para ver, entre todos, os que conseguem abanar mais. E o adolescente sempre acha que tem de vencer, quer o seu espaço. Nesse processo de limpa do café, que chamam de abanar, eles trabalham um mês contínuo, 12 horas fazendo aquele serviço, a pessoa acaba com doença crônica de rim, coluna, e compromete o seu futuro. O marido de Ilma é precavido, não deixa os filhos fazerem isso porque sabe que é muito pesado. Outro problema grave é o contato com produtos químicos, que muitos aplicam sem nenhum tipo de proteção."

Sabe quanto ganha a família de Ilma e Zé Brás com o café? Tem um rendimento médio de R$ 1500,00 por ano, ou seja, menos de um salário mínimo por mês. É por isso que o marido está trabalhando em uma cerâmica, deixando para a mulher os cuidados com a lavoura do café.

A situação do trabalho infantil no Espírito Santo é bastante séria: existem cerca de 60 mil crianças que trabalham em condições precárias, mais da metade nas lavouras de café. Também se encontram crianças trabalhando em pedreiras, na fruticultura e na horticultura; nas cidades, são comuns os vendedores ambulantes, jornaleiros e meninos pedintes que fazem ponto em faróis de trânsito, numa linha de risco, perto do tráfico e da prostituição.

É mais uma situação dramática, que entristece e envergonha os brasileiros.

Famílias inteiras vivem migrando atrás de trabalho na lavoura de café. O estado precário de suas roupas e calçados revela a condição de vida miserável desses trabalhadores.

Nos cafezais, meninos e meninas fazem de tudo: colhem os frutos, ensacam e alguns, apesar da pouca idade, até abanam o café, o que pode comprometer seu crescimento.

32

colaborações

Bem, nesta altura dos acontecimentos, o colégio todo discutia os três temas abordados pelos nossos jornais: o trabalho nos lixões, nos canaviais e nas plantações de café.

Silvana, que me levou pra conhecer o trabalho no lixão, vibrava com tudo o que estava acontecendo! Era a minha maior incentivadora!

Mas, o melhor da história é que a discussão extrapolou os limites da escola: foi para as casas, prédios e condomínios dos alunos e de muitos funcionários, envolvendo as famílias, os vizinhos e os amigos.

Tanto isso é verdade, que o grupo responsável pelo quarto jornalzinho, que trataria do trabalho na exploração da resina, teve uma ajuda extra, a da dona Luzia, vizinha de uma aluna da minha classe, a Soraia. Era uma senhora nascida em Itapetininga, interior de São Paulo, que morava na capital e costumava passar fins de semana e férias em sua cidade, com a família, tão ligada ainda estava às suas raízes. E foi com base no material fornecido pela dona Luzia que nosso quarto jornal foi elaborado.

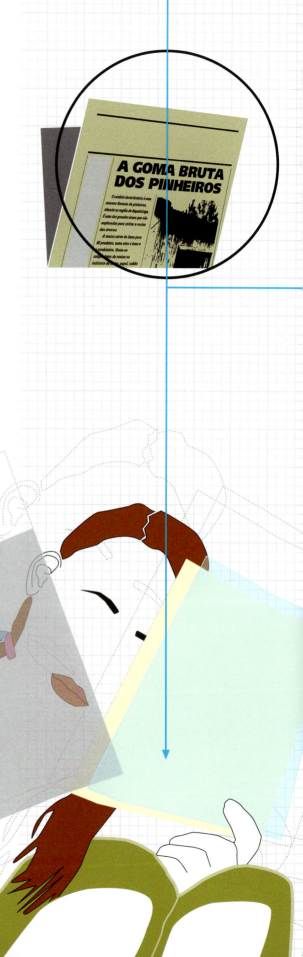

que mundo é esse trabalho infantil colaborações

# nosso jornal

A GOMA BRUTA DOS PINHEIROS

O cenário desta história é uma enorme floresta de pinheiros, situada na região de Itapetininga. É uma das grandes áreas que são exploradas para retirar a resina das árvores.

A resina serve de base para 60 produtos, entre eles o breu e a terebintina. Usam-se subprodutos da resina na indústria de tintas, papel, sabão e até chicletes. O estado de São Paulo tem 35 milhões de árvores que produzem 80 mil toneladas de resina por ano, 90% de toda a goma produzida no país. O Brasil é o exportador número 1 da goma bruta, segundo dados das empresas do setor.

Para extrair a goma dos pinheiros as empresas contratam homens que vão morar em barracas de toras e lona nas bordas das florestas, junto com a família.

Itapetininga/SP — *família de resinadores*

Menino fazendo estrias nos pinheiros.

"*Queria que a gente voltasse pra escola, mas não dá. Chegamos às 7 da manhã na floresta e voltamos às 5 da tarde. Quando as estrias são baixas, doem as costas. Minhas mãos ficam cortadas por causa do ácido. Depois, tem o diesel para tirar a resina da mão. Chegando em casa, só jantando e dormindo.*"

Depoimento de Celene, 11 anos, filha de João Durval, 40 anos, morador da periferia de Itapetininga.

A extração da goma se dá de setembro a maio, meses quentes, com a abertura de estrias no lenho das árvores. Na borda superior dessas estrias é aplicada uma mistura de ácido sulfúrico, óleo, água e farelo de arroz, para forçar a seiva a escorrer. Essa operação é repetida quinzenalmente em cada árvore.

Cada chefe de família recebe de 15 a 25 mil árvores para cuidar, dependendo da idade da floresta e do estado dos painéis (conjunto de estrias).

A goma escorre por duas pequenas calhas de papelão aluminizado pregadas ao tronco com grampeador. Para coletar a resina, amarram-se sacos plásticos nos painéis. Quando ele fica cheio de goma, é hora da coleta, feita geralmente pelas mulheres. Elas retiram a goma com as mãos, colocam num balde e em seguida despejam num tambor, em operações muito rápidas. Cada árvore produz dois quilos de goma ao ano e cada tambor contém mais ou menos 200 quilos.

Com a atenção totalmente voltada para as árvores, muitas vezes as mulheres não notam a presença de cobras, camufladas sob o tapete formado pelas folhas do chão. Esse mesmo risco correm as crianças que acompanham as mães, por não ter ninguém que tome conta delas em casa.

O trabalho de crianças e adolescentes é muito comum, tanto na estriagem como na coleta e manutenção dos painéis, substituindo os saquinhos estragados e observando os sulcos.

Quando não estão trabalhando nas florestas, meninos e meninas ajudam nas tarefas domésticas, amarram os saquinhos plásticos em arames e afiam os instrumentos, geralmente o estriador, principal ferramenta da resinagem.

Como em outros setores da agricultura, os jovens abandonam a escola muito cedo, e a ausência de salas de aula nos acampamentos dificulta ainda mais o acesso que eles deveriam ter à educação. Os filhos dos trabalhadores que moram na periferia da cidade, e não nos acampamentos, também acabam abandonando a escola por pura exaustão: as jornadas de trabalho se estendem até 10 horas, em locais íngremes e muitas vezes de difícil acesso.

Com a irmã Cirlei, de 13 anos, Celene saiu da escola para ajudar o pai a trabalhar com a resina. Durante a semana se revezam nos pinheiros e nos serviços da casa. Com mais três filhos pequenos, João Durval recebe o equivalente a 265 dólares para cuidar de 39 mil pinheiros, quantia que divide com o cunhado, seu parceiro de trabalho.

Fazendo as contas, mais uma vez, cada pai de família fica com o equivalente a R$ 240,00 por mês, menos de dois salários mínimos, portanto.

Pois é... Quando a gente põe um chiclete na boca, não imagina que a história pode ter começado nas mãos dessas crianças, muitas vezes feridas pelo ácido.

Quando alguém toma um gostoso cafezinho, nem pensa que a história pode ter tido seu início em um dos sacos pesados de café que alguma criança ajudou a colher. Quando adoça esse mesmo café, também não calcula o esforço imenso que muitas crianças devem ter feito para cortar a cana que originou o açúcar.

P.S.: Agradecemos à senhora Luzia de Campos, professora aposentada, vizinha da aluna Soraia. Nascida em Itapetininga, cidade do interior do estado de São Paulo, e preocupada com os problemas da sua região, organizou o material de onde extraímos as informações que estão contidas neste jornal.

Típica moradia de uma família de resinadores, isolados no meio da floresta: não há banheiro nem luz elétrica e a cidade mais próxima está a 10 quilômetros.

Fazer estrias nos pinheiros exige habilidade no uso de instrumentos cortantes, o que nem sempre uma criança, com sua pouca idade, tem.

Sem luvas, criança recolhe a resina das árvores e depois limpa a mão com óleo diesel. O rasgo de sua calça é prova do ácido sulfúrico que utiliza na mistura que passa nas estrias.

A resina está embalada e pronta para se transformar em cerca de 60 produtos para as indústrias de papel, tintas, sabão e chicletes, entre outras aplicações.

discussões

Bem, este foi um momento em que todos tivemos de parar: os questionamentos sugeridos na última parte do jornal levaram a uma pausa, não só para refletir como para reclamar com os responsáveis pela sua elaboração. Tanto assim que resolvemos chamar para uma reunião todos os alunos que estivessem a fim de falar alguma coisa sobre o trabalho que havíamos feito até então. Seria uma espécie de fórum de debates entre os grupos responsáveis pela elaboração dos jornais e seus leitores-colaboradores.

O local escolhido foi uma sala grande do colégio, usada para reuniões entre pais e professores. O encontro aconteceu numa manhã de sábado e foi bastante concorrido. E a discussão, animadíssima!

Como o papo foi gravado, pudemos, depois, organizar um resumo dos principais pontos abordados. Quer ver como ficou? Com a palavra, nossa professora de História, Virgínia, escolhida como mediadora por ser uma pessoa aberta a discussões e muito amiga dos alunos.

— Bom dia a todos... Silêncio, por favor... Preciso de silêncio absoluto para conseguir conduzir o debate em ordem, de tal forma que ele seja produtivo. Por favor...

Que por favor, que nada! O burburinho não parava. A ansiedade era enorme! A vontade de falar, de participar, deixava todo mundo em um estado de excitação tal, que a mediadora não teve outra saída:

— Vamos distribuir umas folhas de papel para que vocês façam as perguntas por escrito.

E diante do murmúrio uníssono de desapontamento...

— Sinto muito, mas não vejo alternativa. Se vocês conseguirem se acalmar, podemos seguir de outra maneira. Mas, para começar o debate, perguntas escritas, por favor!

Depois de algum tempo...

— A questão mais colocada é, na verdade, uma reclamação. Vou ler o texto escrito pela Susana, da 8ª B.

"*Parei, sim, para refletir sobre o que vocês propuseram no fim do quarto jornal, que falava sobre o trabalho com a resina. Pensei nos chicletes e no açúcar que consumo, e até no copo de garapa que bebo na estrada, sempre que a gente viaja. E daí, sabem o que aconteceu? Deu um nó na minha cabeça, outro na minha garganta, fiquei travada, sem saber o que fazer... Só sei que faz uma semana que não tomo café, não como nada com açúcar, não compro chicletes. Mas, de que isso vai adiantar? Em que isso vai ajudar a resolver a situação das crianças que possam ainda estar trabalhando lá no começo da história de cada um desses produtos?*"

Agora, sim, um silêncio absoluto reinou na grande sala. Mas apenas por alguns segundos. A reação veio logo em seguida, com um murmúrio, a princípio, depois com vozes que se elevavam, se misturavam, tomando conta do ambiente. Uma zoada total!

— Silêncio, por favor, silêncio! Desse jeito não vai dar para continuar!

— Fale, então, Jorge, você que parece o mais exaltado! Vamos ver se consegue ser ouvido!

Jorge, aluno da 8ª A, era conhecido pela liderança que exercia entre os companheiros.

Talvez, justamente por isso, todos se calaram quando ele começou a falar.

— É isso mesmo! Acho que as palavras da Susana resumiram o que a maioria de nós sentiu quando leu aquele trecho do jornal. Foi muito infeliz. Aliás, gostaria que o responsável pela redação se manifestasse agora!

Frases soltas — "É isso mesmo!" ou "É isso aí, Jorjão!" — puderam ser ouvidas em meio ao murmúrio geral de aprovação à proposta do Jorge. Em seguida, o silêncio ansioso da espera.

E foi nesse clima de extrema expectativa que uma pessoa se adiantou e pediu a palavra a Virgínia. Era Marcelo, aluno da 7ª série.

— Fui eu que escrevi aquilo. E concordo com a reação de vocês. Acho que me deixei empolgar demais pelo tema, mergulhei com tudo no trabalho e acabei exagerando mesmo. Só que, depois que passou o susto com o tamanho da reclamação, acabei achando legal, pois se não fosse o que escrevi, não estaríamos aqui, reunidos, para discutir. Acho que isso só pode enriquecer o trabalho da gente. Por isso mesmo, queria propor que estes debates continuassem, que de quando em quando a gente se reunisse para discutir, como hoje. Até agora só foram quatro jornaizinhos, imaginem quando a gente já tiver sete ou oito...

A princípio tímido, quase sussurrando, Marcelo foi aos poucos se soltando e chegou a falar com tal segurança que acabou merecendo os aplausos entusiasmados de toda a plateia, inclusive os do Jorjão e os meus, claro...

Assim que Virgínia se levantou para dar prosseguimento à reunião, um braço erguido pediu a palavra. Era Juliana, da 7ª série.

— Só queria dizer que meu pai está acompanhando de perto nosso trabalho e está gostando muito. Ele faz parte do Conselho Tutelar e mandou dizer que...

As caras de interrogação e os murmúrios que se ouviam na sala fizeram com que Juliana interrompesse seu recado para explicar:

— Olha, como meu pai já previa essa reação, escreveu algumas coisas aqui, neste papel. Acho melhor ler..."O Conselho Tutelar é uma entidade pública, encarregada de zelar, cuidar das crianças e adolescentes que forem ameaçados ou tiverem seus direitos violados. E faz isso seguindo o que determina o Estatuto da Criança e do Adolescente (ECA). Conforme o estatuto, cada município deve ter, no mínimo, um Conselho Tutelar composto por cinco membros, escolhidos pela comunidade por eleição direta, para um período de três anos. É um órgão público do município vinculado à Prefeitura, mas autônomo em suas decisões. Todo cidadão tem o direito e o dever de recorrer a ele quando precisar denunciar alguma situação em que o ECA não esteja sendo respeitado". É isso aí, pessoal. Meu pai mandou dizer que se vocês quiserem ele pode vir até aqui para explicar melhor o seu trabalho.

Mais uma vez, o pessoal aplaudiu, entusiasmado!

— Valeu, Ju! Valeu!

Quando Virgínia reassumiu o comando, percebeu que o pessoal, embora ainda animado, já havia começado a se levantar. Sinal de que...

— Pelo jeito, não há mais nada a ser discutido, não? ...

Esperou um pouquinho e...

— Bem, então dou por encerrada a reunião. Parabéns a todos e até a próxima.

" STOP "

que mundo é esse **trabalho infantil** discussões

No detalhe, mão de criança segura instrumento de cortar cana, conhecido como podão.

a história é mais antiga do que se imagina

Você sabia que as caravelas portuguesas já traziam crianças trabalhadoras para o Brasil em pleno **século XVI**? As famílias pobres de Portugal embarcavam os filhos de **9** a **16** anos como grumetes e pajens nos navios.

Nas tribos indígenas, porém, os valores eram totalmente diferentes. As crianças seguiam pais e mães no trabalho coletivo, uma forma de se iniciar na vida da aldeia. Os colonizadores aos poucos acabaram com essa organização social.

Para a produção de cana-de-açúcar no país, os portugueses trouxeram escravos da África. Até o final do **século XIX**, **4%** dos africanos que desembarcavam no mercado do Valongo, no Rio de Janeiro, eram crianças. Tinham vida curta: apenas um terço chegava aos **10** anos. Aos **7**, já eram carregadores, mensageiros, pajens e "sacos de pancadas" das crianças brancas. Poucas trabalhavam como aprendizes de barbeiros, seleiros, ferreiros e costureiras, nas cidades.

Com o fim da escravidão, os imigrantes substituíram os africanos na lavoura, em especial nas fazendas de café do interior paulista. No contrato entre colono e fazendeiro, entrava o trabalho da família toda. As condições de vida eram péssimas, por isso muitas famílias foram embora rumo às cidades. Ali, formaram a base do mercado de trabalho para a indústria brasileira, que ensaiava os primeiros passos.

Em **1901**, **23%** do operariado têxtil paulista era formado por crianças, que enfrentavam falta de higiene, trabalho excessivo e até assédio sexual. Com o tempo, os trabalhadores urbanos se organizaram para exigir melhores condições de vida. Em **1917**, fizeram uma greve geral em São Paulo, liderada pelo Comitê Popular contra a Exploração de Menores, que exigia o cumprimento da primeira lei de proteção ao trabalho infantojuvenil (**1891**), que proibia o trabalho de crianças em máquinas em movimento e na faxina, fixava a idade mínima em **12** anos e a jornada máxima em **7** horas.

Os movimentos dos trabalhadores influenciaram as ações do Estado. Em **1923**, uma lei fixou a jornada dos menores de idade em **6** horas; em **1932**, a idade mínima foi elevada para **14** anos, e, finalmente, em **1946**, a Constituição proibiu a diferença salarial entre jovens e adultos e o trabalho noturno a menores de **18** anos. Muitos brasileiros pobres continuaram a se valer do trabalho infantil para sobreviver. Em **1990**, com a promulgação do Estatuto da Criança e do Adolescente (ECA), a sociedade passou a combatê-lo, na perspectiva dos direitos sociais.

ⓘ

O Estatuto da Criança e do Adolescente tem o capítulo V dedicado à proteção no trabalho. A idade mínima foi alterada para 16 anos, em 1998, com a Emenda Constitucional nº 20. Desde 2000, o Brasil é signatário de duas convenções internacionais importantes da OIT sobre o trabalho infantil. São as convenções 138 (uma espécie de carta magna sobre o assunto, exigindo do país signatário uma política efetiva para abolir o trabalho infantil) e a 182 (sobre as piores formas de trabalho infantil), resultado da 87ª. Conferência Internacional do Trabalho, em 1999.

Veja o artigo 67 do ECA:
Art. 67. Ao adolescente empregado, aprendiz, em regime familiar de trabalho, aluno de escola técnica, assistido em entidade governamental ou não governamental, é vedado trabalho:

I — *noturno, realizado entre as 22 (vinte e duas) horas de um dia e as 5 (cinco) horas do dia seguinte;*

II — *perigoso, insalubre ou penoso;*

III — *realizado em locais prejudiciais à sua formação e ao seu desenvolvimento físico, psíquico, moral e social; e*

IV — *realizado em horários e locais que não permitem a frequência à escola.*

44

Dados do Unicef de 1999 indicavam que das 45 mil crianças e adolescentes que viviam e trabalhavam nos lixões do país 18% se concentravam na região Sudeste, sendo São Paulo a cidade de maior incidência.

Embora presente em todo território brasileiro, a cana é predominante nos estados de Pernambuco, Rio de Janeiro e São Paulo. Emprega muita mão de obra infantil porque, em geral, toda a família trabalha na sua produção.

O estado de Minas Gerais é o maior produtor de café do país, seguido por São Paulo e Espírito Santo. Lavoura familiar, o café emprega muitas crianças, trabalhando em todas as etapas da produção.

A árvore da resina concentra-se em florestas localizadas no sudoeste de São Paulo. Dados de 1996 indicavam que cerca de 3 mil famílias e suas crianças trabalhavam na produção.

46

lavoura de tomate

mais denúncias

extração de fibras do sisal

plantação de babaçu

47

gratidão

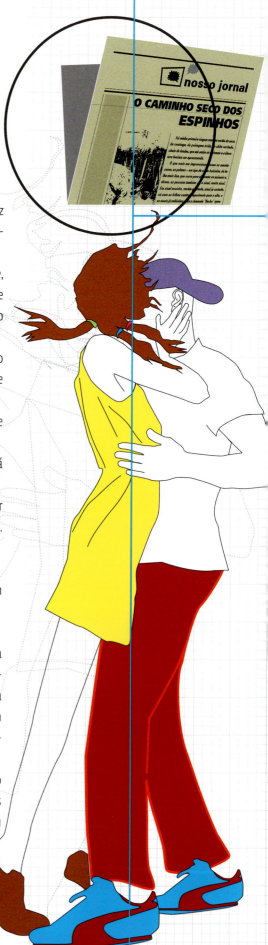

Antes do pessoal se dispersar, ficou combinado que toda vez que alguém manifestasse o desejo de discutir algum ponto importante nos reuniríamos de novo, no mesmo horário e local.

Naquele sábado voltei pra casa sentindo uma satisfação enorme, uma imensa alegria por ter tido a ideia, o impulso de passar adiante aquela experiência da visita ao lixão. Me lembrei da tia Bel, que não via há tanto tempo, e acho que cheguei a pensar alto na rua:

"Que bom, tia Bel, que bom ter conhecido você! Que bom ter sido contaminada por um pouco da sua enorme coragem! Tomara que a gente esteja conseguindo colaborar com a sua causa!"

Quando entrei em casa e dei de cara com meu irmão, não me contive e pulei no pescoço dele para dar um abraço.

— O que aconteceu, Madalena? Viu um passarinho verde ou está querendo me pedir alguma coisa?

— Nem uma coisa nem outra, Mateus. Só queria lhe agradecer por ter dado a ideia e por ter me ajudado nos primeiros jornaizinhos. Se não fosse você, maninho...

— Ah, não foi nada...

Sabe que foi a primeira vez que vi meu irmão sem graça e sem resposta?

Abril já estava quase no fim, e neste ano, como o Carnaval tinha sido tarde, a Semana Santa também demorou. Demorou, mas chegou! E com um feriado prolongado pela frente, o pessoal só queria saber de falar dos seus planos de lazer. Ninguém queria tocar em assunto pesado. Assim, deixamos para a volta a retomada do trabalho com os jornais.

Como foi essa retomada? Foi com um texto extraído do diário de viagens da Ana Rosa, aluna do Ensino Médio, que passou uns dias em Salvador, capital da Bahia, na casa de um tio, que a levou até a região das plantações de sisal. Veja só como ficou.

nosso jornal

O CAMINHO SECO DOS ESPINHOS

Sisal — Bahia

Foi minha primeira viagem rumo ao sertão da seca, da caatinga, da paisagem árida, do chão rachado, cheio de fendas, que até então só o cinema e a literatura haviam me apresentado.

O que mais me impressionou foram os mandacarus, as palmas — um tipo de cacto baixinho, de folha mais lisa, que serve para alimentar os animais e, dizem, as pessoas também — e o sisal, muito sisal. Era sisal novinho, recém-plantado, sisal já cortado, só com as folhas centrais apontando para o alto, e os sisais já velhinhos, com a chamada "flecha" apontando para mais alto ainda, soltando pequenos filhotes que poderão ser usados como mudas. Só que as mudas realmente mais aproveitadas são as que a planta solta junto à raiz, como faz a bananeira.

Um pé de sisal leva de 3 a 5 anos para poder ser utilizado. Depois, outro ano para soltar novos brotos no lugar das folhas que foram cortadas.

A vida útil de uma planta é de uns 5 anos. Quando a flecha cresce, é sinal de que o pé de sisal quer se aposentar, descansar.

Aprendi tudo isso com o pessoal de Valente, distante de Salvador uns duzentos e poucos quilômetros, viagem que fiz de carro com meu tio João, em 2 horas e meia.

A CHEGADA

Meu tio conhecia algumas pessoas da cidade, que, sabendo do meu interesse pelo trabalho infantil, nos esperavam com uma programação intensa, para o dia todo. E que acolhida gostosa! Gente simples e profundamente consciente dos seus direitos de cidadãos.

No período da manhã – chegamos lá por volta das 9 e meia – dois rapazes, Aldo e Claudionor, e uma senhora, dona Dinha, nos levaram até uma roça de sisal.

Uma casinha extremamente pobre abrigava uma família que cortava as folhas do sisal com um facão, levava essas folhas até um motor para extrair as fibras que eram postas, depois, em varais para secar. Se o motor ficasse muito longe da roça, teriam que usar um jegue para o transporte das folhas até ele, trabalho normalmente feito pelas crianças.

As fibras do sisal correspondem a apenas 5% do total da folha; os resíduos deixados pelo motor estão sendo aproveitados – isso há pouco tempo – na alimentação dos animais.

A mãe da família nos disse que havia ganho na semana anterior apenas R$ 6,00 pelo trabalho no corte do sisal, de sol a sol. E tinha comprado fiado R$ 7,00 de carne – "mais osso do que carne", segundo suas próprias palavras.

O quilo da fibra do sisal, quando bem limpinha, sem resíduos verdes das folhas, vale R$ 32,00, que têm de ser repartidos entre várias pessoas. Muitas vezes a família que tem a roça não tem o motor; aí, então, o dinheiro deverá ser dividido com o dono da máquina também.

Os caminhões e caminhonetes dos atravessadores é que levam as fibras secas até as máquinas chamadas de "batedeiras", que estão em um imenso barracão de alvenaria, de pé-direito muito alto. Ali, as fibras passam por processos de amaciamento até serem enfardadas. Só então vão para a indústria.

As fibras que não foram selecionadas, as "buchas", servem para fazer cordas. E os resíduos que saem do outro lado das batedeiras,

A secagem da fibra do sisal.

em meio a um pó esbranquiçado, que provoca alergia na maioria das pessoas, também vão servir de ração para os animais.

Ah, esqueci de dizer que logo na entrada do galpão onde ficam as batedeiras a gente recebeu uma máscara para proteger a boca e o nariz. E todos os trabalhadores também tinham que usar essa mesma máscara.

Nas visitas da tarde, que começaram por essa parte, fomos acompanhados por dona Elza. Tanto ela quanto dona Dinha me impressionaram muito: mulheres fortes, de muita fibra, como o sisal que lhes garante a sobrevivência, valentenses valentes e corajosas!

As duas tinham um porte, uma postura que mostrava força e dignidade. Muita dignidade!

Dali fomos para a indústria, uma construção enorme onde as fibras já amaciadas e preparadas nas batedeiras vão passar por vários processos até se transformar em rolos de cordas e cordões, de várias espessuras, tapetes e carpetes, com vários tipos de trama e tamanho, com as fibras na cor natural, tingidas ou pintadas à mão, além de outros objetos como bolsas, pastas, maletas etc.

Vimos rolos imensos de carpetes já embalados e preparados para exportação. Trabalho maravilhoso, de gente que garante uma

Menino separa fibras do sisal na batedeira.

IMAGENS MARCANTES

Além de dona Dinha e dona Elza, de quem já falei, outras figuras humanas me impressionaram muito.

A família da roça de sisal, com o filhinho de 5 anos, já rondando o motor, querendo "ajudar", vivendo em condições miseráveis, num cenário pobre, árido e monótono: da roça ao motor, do motor aos varais, dos varais à casa. Nenhuma distração, nenhuma diversão, nenhum conforto. Pessoas maltratadas, que reclamam, sim, das injustiças dos homens, mas agradecem a Deus a todo momento:

"Podia ser pior. Se não tivesse o sisal, podia ser pior."

E o que seria esse pior, meu Deus?!

A imagem de Gilmário também não me sai da cabeça. Jovem de 18 anos, desde os 7 trabalha no sisal. É analfabeto, foi abandonado pelos pais, separado dos irmãos e criado por outra família.

Aparência de menino triste e alheio, quase ausente, rosto sardento, olhos um pouco puxados, mãos calejadas e grossas, respondia e atendia ao chamado das pessoas como um autômato.

Um sonho? Não trabalhar tanto e poder estudar.

Queixas? Nenhuma. "A gente tem de trabalhar, mesmo, senão não come."

Como Gilmário, ainda deve haver muitos outros. Tomara que eles possam ter a chance de mudar de vida. Tomara!

sobrevivência digna para centenas e centenas de sertanejos.

Depois da visita à fábrica, fomos conhecer ainda um laticínio onde o leite de cabra se transforma em doce e iogurte natural, sabor morango e ameixa. Em seguida, passamos pelo curtume, onde a pele dos bodes é processada e usada para fazer bolsas, bonés, carteiras, sandálias, em uma pequena oficina que fica ao lado.

Fiquei encantada ao constatar que tudo é absolutamente aproveitado. Não é à toa que o símbolo da APAEB – Associação dos Pequenos Agricultores do Estado da Bahia – é um trabalhador com a enxada no ombro, entre um bode e um pé de sisal.

Outra coisa muito importante que vi, embora não tenha tido tempo de visitar, foram as unidades de jornada ampliadas (UJA). Vou explicar melhor: as crianças que recebem a bolsa-escola têm direito a ficar um período na escola e outro nessas unidades, onde recebem alimentação, reforço escolar e têm espaço para brincar. Dessa maneira, não precisam trabalhar no sisal, pois suas famílias ficam com metade do dinheiro da bolsa para as despesas domésticas; a outra metade fica na escola, para a compra do material escolar.

Uma das primeiras funções da criança na lavoura de sisal é como "cambiteiro" — transportador de fibras batidas no lombo de jegues até o local de secagem.

Ainda bem pequeno, o menino acompanha a mãe, que estende o sisal para secar. Quando ficar mais velho, acompanhará o irmão nas tarefas de corte e desfibramento.

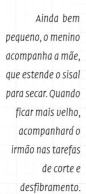

As crianças que trabalham na batedeira cobrem o nariz para não inalar o pó fino que se solta das fibras. Esse pó provoca coceira na pele e pode comprometer a capacidade respiratória.

Este jornal especial, de número 5, teve grande repercussão no colégio. Todo mundo gostou muito do jeito que a Ana Rosa escreveu, da emoção que deixou transparecer. Até da professora de Português a Ana recebeu grandes elogios. Muito merecidos, aliás, não houve quem não achasse.

O exemplo do sertão baiano

As primeiras denúncias sobre a condição dos trabalhadores do sisal foram feitas por padres, sindicalistas da região sisaleira e pelo Movimento de Organização Comunitária da Bahia, ainda na década de **1960**. Nos anos **90**, a mobilização social apoiada pelo OIT e Unicef iniciou o combate ao trabalho infantil.

Em **1996**, representantes de **27** instituições governamentais e não governamentais formaram uma comissão contra o trabalho das crianças, em Valente, colocando em prática um plano geral.

O Ministério da Educação e Cultura e os prefeitos de **16** municípios uniram-se para capacitar professores e implantar novas escolas em **27** locais. O sistema de bolsa-escola passou a funcionar em **1997**, com a jornada escolar ampliada.

Uma ONG que propõe há **20** anos soluções viáveis para desenvolver o sertão — a Associação dos Pequenos Produtores da Bahia (Apaeb), seção Valente — conduziu projetos de processamento comunitário do sisal, inclusive com a instalação de uma indústria de tapetes com patente de exportação, inaugurada em **1996** pelo presidente Fernando Henrique Cardoso. A Apaeb acabou com o atravessador no comércio da fibra, e hoje é responsável por metade dos empregos do setor privado do município.

As fibras secas e já batidas do sisal são transportadas por crianças em meio a enxames de moscas.

No meio da palha seca, entre os montes de pó solto do sisal batido, jovens e crianças recolhem fibras ainda aproveitáveis, num ambiente asfixiante.

A relação entre trabalho infantil e pobreza

O economista **Ismael Ferreira da Silva**, gerente-geral da Apaeb-Valente, teve participação ativa no processo de mudança da produção e comercialização dos produtos de sisal.

— O programa de bolsas acabou com o trabalho infantil no sisal?
— Acho que o fim do trabalho infantil só é possível com emprego e renda suficiente para as famílias manterem os filhos na escola. O programa é um paliativo, mesmo sendo importante nesse momento. Como iniciativa federal, pode deixar de existir a qualquer momento.

— É possível erradicá-lo totalmente?
— Com programas que aumentem a renda familiar, sim. Hoje, aproveitamos apenas a fibra do sisal, que representa 5% da planta. Os países que investiram em pesquisa utilizam o sisal na indústria farmacêutica, de bebidas, celulose etc. Se aproveitássemos todo o seu potencial, a renda das famílias aumentaria. Crédito facilitado e atividades como a caprinocultura ajudam. A Apaeb mostra na prática que isso é possível: conseguiu triplicar os preços do sisal e das peles no mercado. O nosso desafio é aumentar a escala, beneficiando mais gente. A meu ver, soluções existem. É preciso vontade política para realizá-las.

meio caminho andado

Bem, o mês de maio já estava correndo, o ano letivo também, com suas provas, trabalhos...

Mas, apesar disso, todos nós achávamos um tempinho para continuar com a atividade paralela, sem prejudicar nosso rendimento escolar, claro. Aliás, foi uma das condições que o diretor e os professores impuseram antes de nos dar apoio total: que nenhum de nós tivesse o rendimento prejudicado por conta dos jornaizinhos, caso contrário, cortariam imediatamente o apoio!

No finzinho de maio, começo de junho, dois jornais ficaram prontos quase ao mesmo tempo: o que tratava do trabalho nas florestas de babaçu e o que falava sobre as plantações de tomate. Isso significava que iríamos terminar o primeiro semestre com sete jornais editados! Não era maravilhoso?

No número 6, dedicado ao babaçu, quem colaborou, e muito, foi a dona Sílvia, nossa professora de Geografia, que nasceu e ainda tem parte da família no Maranhão. Foi ela quem forneceu a maior parte das informações.

Acompanhe, agora, o resultado final.

trabalho infantil meio caminho andado

A PENOSA EXTRAÇÃO DA SOBREVIVÊNCIA

Os babaçuais formam uma floresta de cerca de 20 milhões de hectares, ou seja, 20 bilhões de metros quadrados!, nos estados do Maranhão, Piauí, Pará e Tocantins. E o babaçu garante a sobrevivência de muita gente: do coco se extraem as amêndoas e delas, o óleo; das cascas é feito um excelente carvão; das folhas são feitos telhados para as casas, armações e utensílios domésticos; a massa, além de ser uma alternativa alimentar, pode servir para a produção de remédios e ração para animais.

Os babaçuais estão em equilíbrio ecológico, pois suas folhas adubam a terra para as roças anuais. Só que, na grande maioria, eles se situam em terras particulares; uma parte muito pequena pertence às famílias extrativistas, que moram nesses locais, e podem usufruir desse benefício da natureza.

A amêndoa extraída do coco de babaçu é em parte comercializada e em parte consumida pelas famílias, em forma de azeite, leite e farofa. As quebradeiras extraem de 5 a 10 quilos de amêndoas por dia; as crianças, que também participam do trabalho, conseguem extrair de 1 a 4 quilos. Se cada quilo de amêndoas vale, no mercado, menos de R$ 0,50, dá para concluir que com toda a produção mensal dificilmente a família consegue obter um salário mínimo.

As pesquisas feitas na região constataram que as crianças e os jovens, no trabalho do babaçu, lidam com instrumentos cortantes – facão, machado, macete – e trabalham sentados. Apresentam inúmeras cicatrizes nos braços e nas mãos, provocadas por cortes e pancadas, além de ter o osso omoplata saliente e o esterno deformado, devido à má postura em que desenvolvem suas atividades, sempre sentados ou curvados.

Além de se dedicar a esse trabalho, elas também ajudam o pai nas roças de subsistência e a mãe, nos trabalhos domésticos.

Quase a metade dessas crianças abandonou a escola e a maior parte não completou o primeiro grau. A grande maioria já repetiu de ano em escolas onde é frequente a falta de professores. Algumas crianças disseram aos pesquisadores que seus pais chegavam a complementar o salário dos professores para que eles não abandonassem seus postos.

Agora, raciocine conosco... Se a renda mensal de uma dessas famílias dificilmente alcança um salário mínimo, como é que eles fazem para sobreviver e ainda por cima complementar o salário do professor?

E, por falar nisso, quanto deve ganhar um professor nos estados do nordeste do país?

pausa para balanço

O semestre já estava chegando ao fim e nosso objetivo de denunciar, para quem quisesse ouvir, a exploração da mão de obra infantil no país estava sendo plenamente alcançado.

Aquilo que a princípio era apenas uma espécie de inquietação, de desconforto e indignação de minha parte, depois da visita ao lixão, foi se estendendo e acabou invadindo e contagiando não só o colégio onde estudo, como as famílias dos alunos e funcionários.

Meu primeiro boletim, afixado nos murais da escola, eram simples folhas de papel com algumas informações que meu irmão digitou e imprimiu no computador do seu trabalho, depois do expediente, com o consentimento do chefe, claro.

Hoje, quatro meses depois, já tem cara de jornal, é feito por uma equipe de alunos e professores e conta com todo o apoio, inclusive técnico, da direção da escola.

Amigos, vizinhos, amigos de amigos e de vizinhos dos alunos também foram "contaminados" pelo nosso entusiasmo e têm nos fornecido material de pesquisa valiosíssimo.

A mais recente adesão que tivemos, sabe de quem foi? Do seu Antônio, dono do carrinho de pipocas que fica na frente da escola. Sempre alegre e comunicativo, já se tornou uma figura querida e popular.

Pois bem. Seu Antônio me procurou, outro dia, para entregar um envelope com alguns recortes de jornal. Disse que era uma forma de colaborar com o trabalho tão bonito que estávamos fazendo. (Viu por que eu disse que a discussão do assunto tinha pulado os muros da escola?)

Bem, os recortes eram de um jornal de São Paulo; o assunto, uma denúncia. Quer saber qual? Então preste atenção ao conteúdo do nosso sétimo jornal.

# nosso jornal

DO TOMATE À P I PO C A

Em novembro de 1999, segundo uma denúncia feita pelo jornal paulista Diário Popular, pelo menos 4 mil pessoas, boa parte constituída por crianças, viviam do trabalho semiescravo nas plantações de tomate, da região de Ribeirão Branco, a 305 quilômetros de São Paulo. Em 1996, os 25 municípios da área, que se estende até o Paraná, produziam 16 milhões de pés de tomate.

As condições de quem trabalha no plantio, nos cuidados e na colheita são péssimas: famílias inteiras vivem em barracos de toras ou de papelite (lâmina de plástico, metal e papel usados em caixas de leite longa vida), trabalham como meeiros, mas em situação que nada lembra a de parceria.

Morando longe da cidade, essas famílias trabalham a troco de um vale-alimentação, subordinando-se totalmente aos donos das propriedades. Os alimentos são, em média, 25% mais caros do que nos mercados da região, segundo cálculos de sindicalistas. Preste atenção ao depoimento que vem a seguir.

"Dentre as situações mais dramáticas, está a de Sérgio Dias. Sem saber ler ou escrever e nem mesmo ver as horas, acredita que não deva ter mais que 15 anos. O trabalho dele é preparar 5 mil litros de veneno, que vai colocando em 5 caixas de mil litros, que vão ser utilizadas pelos trabalhadores na pulverização. Sérgio trabalha em contato direto com o veneno, sem saber que é tóxico, pois não consegue ler os rótulos das embalagens que fazem recomendações expressas em relação ao uso dos produtos. Não usa máscara, luvas ou avental. A calça jeans e a camisa são rasgadas, permitindo o contato do veneno diretamente com a pele. Os pés descalços ficam atolados na lama. 'O cheiro é insuportável, não gosto disso', diz o adolescente, que não consegue nem mesmo calcular quantas horas trabalha por dia. 'Sei que vou ficar até o anoitecer.'"

Diário Popular, 16/11/99, p. 5

Pulverização de agrotóxicos.

A cultura do tomate na região irrigada do vale do rio São Francisco em Petrolina, estado de Pernambuco, também empregava muitas crianças. Pequenos agricultores, meeiros, parceiros, arrendatários e proprietários desenvolvem ali uma agricultura de subsistência e comercial não só do tomate como de outros legumes e frutas de exportação – manga, uva-itália, acerola e melão –, nesse sistema de irrigação que aproveita as águas do querido "Velho Chico".

É um verdadeiro oásis no meio do sertão pernambucano, e por isso mesmo atrai milhares de trabalhadores de todos os estados vizinhos, assolados pela seca, que trabalham com suas famílias como boias-frias, em todas as etapas da produção agrícola.

Desde 1993, no entanto, várias entidades têm se mobilizado para tentar tirar as crianças desse trabalho tão duro, dando apoio e orientação aos adultos, procurando organizá-los como comunidade, treinando professores, para possibilitar a volta das crianças à escola, e fiscalizando as condições de trabalho. Graças a isso, podemos encerrar este jornal com um oásis de esperança!

Este jornal é dedicado ao sr. Antônio das Neves, nosso querido "seu Antônio pipoqueiro", com carinho, respeito e admiração.

61

Na lavoura, em contato direto com o veneno e sem qualquer proteção, o menino põe em risco a sua saúde.

Crianças muito pequenas iniciam seu aprendizado na colheita de tomates. Junto com suas mães se expõem aos produtos químicos pulverizados nas plantas.

63

A mãe leva o filho para a colheita do tomate porque não tem com quem deixá-lo em casa. As crianças que acompanham suas mães acabam trabalhando também.

Posso adivinhar as sensações que foram tomando conta de você enquanto ia lendo... Primeiro, diante do depoimento de Sérgio Dias: incredulidade, perplexidade, indignação, vergonha, não foi?

Eu, pelo menos, senti exatamente isso! Como, meu Deus, como pode alguém viver em situação de miserabilidade tamanha, sem saber sequer a própria idade, sem saber ver as horas em um relógio, sem noção do tempo que passa manipulando veneno, com as roupas rasgadas e os pés atolados na lama, em meio a um cheiro insuportável?

Isso é vida?

Ainda bem que o grupo responsável pelo jornal teve a possibilidade e a feliz ideia de encerrá-lo com uma notícia alentadora para poder prestar uma homenagem ao seu Antônio, num clima de mais esperança. Conseguiu, assim, que sensações mais agradáveis pudessem tomar conta do nosso coração, não foi mesmo?

Feliz e emocionado com seu nome no jornal, ele nos contou, mais tarde, que antes de vender pipocas e outras coisas na cidade grande tinha dado duro em plantações de tomate e outras lavouras do interior. E que durante esse tempo tinha acumulado histórias tão tristes, como a de Sérgio, que, por mais que fizesse, não conseguia apagar da memória.

Por que tinha guardado os recortes de jornal? "Mania", respondeu, quando ouviu minha pergunta. Gostava muito de ler jornal, sempre que podia comprava e acabava recortando as notícias que achava mais importantes.

E assim, com uma dose extra de emoção, encerramos nosso movimentado primeiro semestre.

férias

Exatamente no primeiro dia de férias, minha mãe me trouxe uma bandeja com o café da manhã na cama. Legal, né? É, minha mãe tem dessas coisas, mesmo. É uma das pessoas mais delicadas que conheço. Só que algumas dessas delicadezas sempre antecedem um papo sério. Aprendi a sacar isso à medida que fui crescendo...

Era a cara de séria que ela fazia, quando entrava com a bandeja no meu quarto, um jeito diferente de franzir as sobrancelhas, um meio sorriso, o tom de voz ao me dizer bom-dia, tudo era diferente, particular, nesse tipo de situação. Só que eu não deixava de curtir essa mordomia, não, mesmo sabendo que poderia vir uma bomba depois... Tomava meu café calmamente e só então...

— Pronto, dona Renata. Pode falar. Qual é a bomba, desta vez?

— Não é nenhuma bomba, minha filha, é só um papo um pouco mais sério do que o normal.

— Pois diga, então... O que é que foi?

— É o seguinte, Madalena. Seu pai e eu achamos que você, como sempre acontece, aliás, acabou mergulhando de cabeça nesses jornais sobre o trabalho infantil, e está indo tão fundo e tão longe, que é capaz até de fazer mal pra sua saúde!

— Que exagero, mãe!

— Não é exagero, não! Você não tem tido tempo de se alimentar direito, de dormir o suficiente e se dedicar aos estudos, como sempre fez, até começar com essa história de...

— Calma aí, mãe. Não é história, é uma coisa muito séria, acho até que nunca levei tão a sério alguma coisa como estou levando esta. Minhas notas podem ter diminuído um pouco —algumas—, mas ainda estão muito boas! Vocês não têm do que se queixar!

— Tudo bem, tudo bem... Só que já decidimos, Inácio e eu, que é melhor você viajar um pouco, sair uns dias, antes que resolva continuar suas pesquisas nas férias também. Férias são para descansar corpo e cabeça, Madalena.

— Viajar, mãe? E pra onde, posso saber? Já decidiram isso também?

— Calma, filha, não precisa ficar irritada. É claro que, se você não quiser, não vai ser obrigada a aceitar nossa sugestão. Mas tínhamos pensado em um acampamento, perto de uma cidadezinha chamada Sapucaí. O pessoal que organiza os passeios, que aliás estão saindo muito em conta, é conhecido da Silvana. A sobrinha dela já foi e adorou!

— Mas, mãe, eu não conheço ninguém que vá!

— Ora, Madalena, é uma oportunidade para conhecer gente nova, fazer novos amigos, papos diferentes... Além do mais, você nunca foi uma menina tímida!

— Tá legal, mãe. Eu vou. E quando vai ser isso? Ah, e por quanto tempo?

— Uma semana. A próxima saída é daqui a 8 dias. Já deixei seu lugar reservado, por precaução... Enquanto providencio essa parte, você vai arrumando as malas e pronto! Uma semana de férias!

Aproveitei esses dias em casa, e como tinha que fazer a mala mesmo, dei uma geral no quarto todo: gavetas, guarda-roupa, escrivaninha, estantes, material escolar... E foi muito legal esse tempo de arrumação, porque acabei curtindo muito mais a ideia do acampamento. Pra completar, a Silvana apareceu lá em casa, a gente conversou muito e ela me animou mais ainda.

O dia da partida finalmente chegou! E aquela semana voou! Ainda bem que costumo levar meu caderninho de anotações sempre comigo... É um jeito de poder registrar todas as emoções vividas.

Bem, você deve estar se perguntando onde é que eu fui parar, não está?

Pois foi num lugar maravilhoso, cheio de árvores, com trilhas para caminhadas, um riachinho e até uma pequena queda-d'água! Cenário perfeito para encontros especiais...

Se eu encontrei alguém especial? Encontrei, sim, você nem pode imaginar!

O nome dele? João Francisco! Não é linda e diferente essa combinação?

Como ele é? Fisicamente, normal... Moreno, olhos castanhos, magro e alto... Mas o sorriso, foi o sorriso que me cativou! Que sorriso lindo... claro, aberto, simpático!

Ah, esqueci de dizer que ele não fazia parte do grupo, era uma espécie de monitor, servia de guia nos passeios, quero dizer, trabalhava no acampamento.

Sempre que dava, a gente ficava junto, conversava muito, eu sempre acabava me encaixando nos passeios em que ele era o guia.

A parte mais gostosa era à noite: em volta da fogueira, debaixo de um céu estrelado como há muito tempo eu não

via, o pessoal todo se reunia pra conversar, trocar ideias, tocar violão, cantar e tomar um chocolate quente...

Foi na última noite que duas coisas importantíssimas aconteceram. Vou começar pela primeira, uma discussão um pouco mais séria e calorosa. Não sei bem como, mas o papo do trabalho que estávamos fazendo no colégio rolou solto, o pessoal todo foi ficando entusiasmado, cada um queria dar sua opinião.

Só que, de repente, um dos rapazes que trabalhava como monitor se levantou, nervoso, e começou, quase que se engasgando com as próprias palavras:

— Eu, eu queria falar, por favor, me deixem falar!...

E, diante do silêncio só interrompido pelos ruídos da noite, continuou, encorajado:

— Acho muito engraçado vocês, que devem ter tido todas as facilidades do mundo, desde que nasceram — dinheiro, roupas, estudos, passeios, viagens, amor, família, um lar —, começarem, assim, de repente, a se achar muito conscientes e muito chocados pelos problemas dos mais necessitados, dos injustiçados, dos excluídos... É muito fácil falar! Queria ver se vocês tivessem tido a infância que eu tive e a vida que ainda tenho, apesar de estar bem melhor, agora... As coisas que já passei — fome, frio, raiva, ódio, humilhação, revolta —, tudo isso marca muito, acho mesmo que para sempre.

70

Depois desse desabafo, parece que ele se acalmou um pouco. E nós todos, mudos, paralisados, sem saber o que dizer, o que fazer. Só que bastaram alguns minutos para que eu me refizesse.

— Agora escute um pouco, Ronaldo. A gente não tem culpa de ter nascido assim, desse jeito que você falou. E nem sei se todos nós aqui tivemos mesmo tudo isso que você enumerou. Bem, mas isso não vem ao caso neste momento. Eu só queria dizer que acho, sim, muito importante o trabalho que estamos fazendo não só no meu colégio, pois muito mais gente além dos alunos e professores já está envolvida, porque as mudanças só vão acontecer se a gente tiver consciência dos problemas que existem no país. Se ninguém reconhece a injustiça, ninguém vai denunciar. E se ninguém denunciar, nada vai mudar, tudo acaba ficando como está — isso, se não piorar!

— Madalena tem razão, Ronaldo — quem veio em minha defesa foi João Francisco. — Mas, agora que você já está mais calmo, não quer contar um pouco da sua história pra gente?

— Não, acho que não vale a pena falar sobre uma infância na rua, no meio de delinquentes, drogas, crime... Não vale a pena falar de um pai que abandonou a família, de uma mãe que não deu conta de criar sozinha os sete filhos e acabou deixando um com uma família, outro com outra... Foi por isso que eu acabei na rua. Pelo menos tinha mais liberdade...

— E como foi que você conseguiu sair dessa vida e estar aqui, hoje, trabalhando?

— Consegui sair porque encontrei um casal que resolveu acreditar em mim e me deu uma força. No começo acho que foi pela culpa que sentiram quando me atropelaram, numa noite de muito frio... Fiquei machucado, eles me socorreram, me levaram ao hospital, cuidaram de mim, até que eu ficasse bom...

— E daí?

— Daí me ajudaram a achar minha mãe, porque eu não queria ficar com eles e também não queria mais voltar pra rua... Acho que a batida que eu dei na cabeça fez um pouco do meu juízo voltar... E daí eles deram uma ajuda pra nós, e hoje eu estou aqui, pronto, acabou minha história.

— Mas, apesar da ajuda que teve, você ainda sente muita revolta, não?

— Claro, né? Não dá pra esquecer o que já passei, cara! Tá tudo gravado, aqui, na pele, na carne! E ainda hoje, quando vejo esses ricos, passando com

que mundo é esse **trabalho infantil** férias

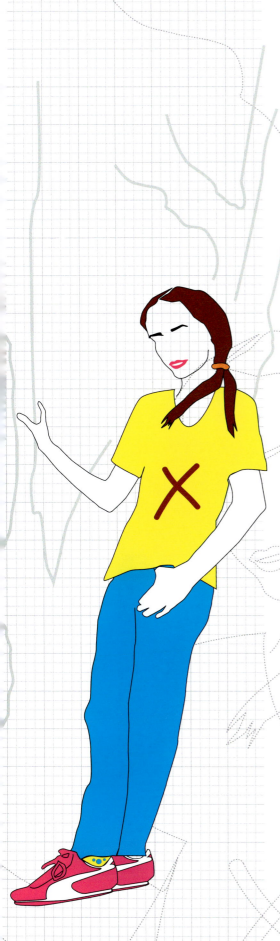

seus carros importados, com vidros fechados, blindados, ar-condicionado, olhando pros moleques de rua com cara de medo, de raiva, de nojo, até, o sangue sobe pra cabeça! Me dá vontade de pegar um pau e sair quebrando tudo: carro, vidro...

— Calma, Ronaldo, calma...

— Você pensa que é fácil ter calma, Madalena? Minha vida mudou, sim, e pra melhor, claro, mas ainda não é nenhum mar de rosas, não! Ainda me sinto excluído, sim, discriminado, olhado com desconfiança, muitas vezes... Parece que ficou marcado na cara: menino de rua, trombadinha, pivete. Quando olho pra uma garota, às vezes, assim, como um homem olha pra uma mulher, querendo alguma coisa, além de amizade, não pense que levo muita chance se a garota é assim, como você, cara de bem alimentada, bem-vestida, bem-amada...

— Eeeeu?

— É, você, sim, que só tem olhos pro João Francisco, desde que chegou aqui. Nem chegou a notar que eu existia... Está, sim, fazendo esse seu trabalho muito bonito, achando que está ajudando essas crianças, mas conviver com elas, mesmo, que é bom, olhar para elas como um ser humano igualzinho a você, não sei, não...

Por essa eu não esperava! Foi como se uma ducha de água gelada caísse sobre mim, paralisando minhas sensações, meus sentimentos, pensamentos e palavras. Por mais que eu quisesse reagir, não conseguia.

— Agora chega, Ronaldo. Você é que está sendo injusto, não só com a Madalena mas com os outros também. Afinal, você não foi maltratado por ninguém, foi? Música, pessoal! Chega de papo! Música e chocolate quente pra todo mundo!

Quem resolveu acabar com a saia justa foi o Fernando, coordenador-geral do acampamento. Bem mais velho do que a gente, era muito querido e respeitado, inclusive pelo Ronaldo.

72

Naquela noite, por conta desse clima todo, que acabou me deixando de quatro, o João Francisco se aproximou ainda mais de mim, supercarinhoso. E é aí que entra a segunda coisa importante, das duas que eu falei antes, lembra? Enquanto a gente ficou lá fora, ao redor da fogueira, ele não me deixou um só instante, passou um dos braços pela minha cintura, debaixo dos agasalhos, bem disfarçado, e de vez em quando apertava um pouco os dedos, fechava o braço e me trazia pra mais perto dele. Ui, que emoção! Só assim pra eu esquecer o desgosto daquela discussão horrível!

Quando a gente se separou e se despediu — no dia seguinte cedo íamos embora —, ele me puxou com mais força e coragem e me deu um beijo na boca! Até hoje sinto o gosto de chocolate e o aroma de canela daquele beijo! Que delícia! Antes de me dar boa-noite, ele ainda disse:

— Não ligue, não, para as palavras do Ronaldo, Madalena! Deu pra sacar que ele ficou superinteressado em você, misturou os canais e acabou perdendo o controle.

No dia seguinte, bem cedinho, Ronaldo veio confirmar as palavras de João Francisco. Pediu desculpas, disse que tinha exagerado, que achava legal, sim, que a gente

continuasse com o trabalho que estava fazendo, que continuasse denunciando, sim, pondo a boca no mundo, que já estava fazendo muita coisa.

— Tudo bem, Ronaldo, já passou. Também acho legal que você continue contando sua história pra outras pessoas. Além de desabafar, acaba provando que é possível mudar, quando a gente quer e se deixa ajudar.

Assim foi minha semana de férias que passou rápido, sim, mas valeu por um mês!

A angústia causada pelo "episódio Ronaldo" se prolongou ainda por vários dias. Até o Mateus, normalmente tão desligado, acabou notando e veio me dar um toque:

— Alguma coisa de errado aconteceu nesse acampamento, Madalena. A expressão do seu rosto está me dizendo isso. Não quer se abrir comigo?

Sabe que bastaram essas palavras para eu abrir mesmo as minhas comportas e chorar no ombro do meu irmão? Juntei a angústia que já estava sentindo com a emoção pela atitude dele, tão rara, e não aguentei: falei, chorei, falei, falei... e desabafei.

Nem me lembro exatamente o que ele respondeu, pois acho que o mais importante foi o alívio causado pelo desabafo e a certeza de que poderia contar com o apoio do meu irmão, sempre.

Bem, os dias foram passando e a sensação desagradável, também. Ainda consegui aproveitar as férias que restavam com programas leves, que pudessem me distanciar do tema que ocupava a maior parte da minha cabeça desde o início do ano.

Hoje, duas semanas depois, quase hora de voltar pro colégio, ainda me lembro, com doçura, do beijo sabor-chocolate, aroma-canela. Os sabores amargos foram levados pelo vento... Só torço para que o Ronaldo encontre uma garota bem legal, que se apaixone e seja correspondido. Tomara que o João Francisco me conte isso em uma de suas próximas cartas.

Ainda não disse, mas o meu Fran escreve tão gostoso e tão doce quanto beija! Aaaaai, que saudade!

Declaração dos Direitos da Criança, assinada pela ONU, em 20 de novembro de 1959

Princípio 9.

A criança deve ser protegida contra todas as formas de abandono, crueldade e exploração. Ela não deve ser objeto de tráfico de forma alguma. A criança não deve ser empregada antes da idade mínima adequada; ela não deve ter empregos ou ocupações que prejudiquem sua saúde, educação ou interfiram no seu desenvolvimento mental ou moral.

São 250 milhões que deixaram de ser criança!

No mundo todo há **250** milhões de crianças trabalhadoras, **56%** meninos e **44%** meninas, a maioria na agricultura. No Brasil, são **2,8** milhões entre **5** e **14** anos e mais **3,6** milhões de jovens de **15** a **17** anos, **58%** no campo. Abandonam a escola cedo, e os que a frequentam têm baixo aproveitamento devido ao cansaço. Mais da metade não recebe nada pelo que faz, apenas engrossa o ganho familiar.

No campo, as crianças seguem os pais nas lidas de muitas culturas, ou em atividades como a produção de carvão vegetal, a brita de pedras e a feitura de tijolos.

Nas cidades, as crianças trabalham dentro e fora de casa. Em casa, auxiliam a família em serviços terceirizados, ou são ajudantes de mecânicos, confeiteiros, feirantes etc. As meninas fazem o serviço doméstico, que não é encarado como trabalho, apesar de ser fundamental na sobrevivência familiar.

Famílias pobres empregam suas filhas como domésticas. Dos **5** milhões de empregadas domésticas brasileiras, cerca de **16%** têm entre **10** e **17** anos, e a maior parte ganha menos de **1** salário mínimo. Muitas delas acabam sendo exploradas sexualmente.

Como a prostituição infantil tem crescido assustadoramente no mundo inteiro, também motivada pelo aumento de turismo, os governos e movimentos sociais organizaram redes internacionais para combatê-la.

Nas ruas das cidades brasileiras, a presença de crianças é histórica: há vendedores, engraxates, guardadores de carro, carregadores, catadores de papel, mendigos. Nas praias, recolhem latas para reciclar e nos lixões, acompanham a família, coletando material reciclável, que é vendido a sucateiros.

76

A Bahia é responsável por 86% das fibras de sisal produzidas no Brasil. Estimativas do jornal Folha de S.Paulo, de 1997, indicavam a presença de 30 mil crianças de 3 a 4 anos trabalhando nessa lavoura.

O babaçu ocorre predominantemente na área entre a floresta amazônica e o cerrado: 65% das crianças empregadas na quebra do babaçu são meninas entre 11 e 13 anos.

Oeste de São Paulo e a região irrigada do vale do São Francisco, em Pernambuco, são grandes produtores de tomate. Ali trabalham crianças e adolescentes em condições extremamente precárias.

mãos à obra

olaria | britagem de pedras

 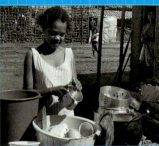  

produção de carvão | trabalho doméstico | trabalho na rua | trabalho em fábricas

79

volta das férias

O episódio desagradável da semana do acampamento acabou ficando pra trás: já não me incomodava pensar nele, como nos primeiros dias, além do que, quanto mais o tempo passava, mais eu conseguia entender a reação do Ronaldo. O que eu mais queria, agora, era ficar curtindo a espera das cartas do Fran e as lembranças boas, só as boas.

Nos dias de férias que ainda restavam o frio aumentou e decidi aproveitar o quentinho do lar, ainda mais aconchegante com a presença dos meus avós, que vieram passar uns dias conosco. Foi um tempo de muito mimo: guloseimas preferidas, durante o dia, como aqueles sonhos leves e ocos, mergulhados em calda rala, que só minha avó sabe fazer, que me faziam sonhar ainda mais bonito à noite, principalmente quando eu pegava no sono embalada por ela. Até que chegou o dia da volta às aulas.

Mas, se você está pensando que o pessoal esfriou com a parada para as férias, enganou-se redondamente. Na verdade, parece que a pausa serviu para que muita gente até buscasse se informar mais sobre o assunto discutido desde o começo do ano. Tanto assim que nosso oitavo jornalzinho acabou saindo um pouco mais extenso, pois tratava de três temas: o trabalho na lavra do granito, nas olarias e nos garimpos.

# nosso jornal

O CAMINHO DAS PEDRAS

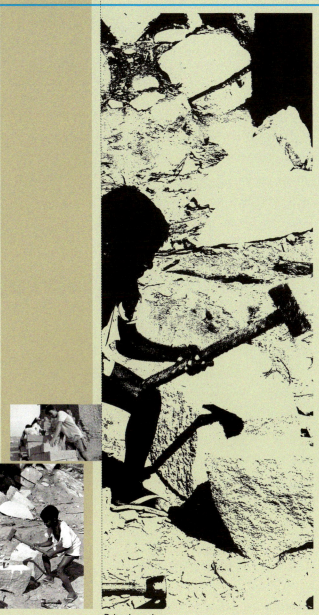

Brita de pedra.

Com relação às crianças que trabalham com o granito em várias regiões do país, não há números, só estimativas. Segundo elas, cerca de 4 mil pessoas estariam trabalhando na brita e na lavra da pedra, no município de Santa Luz, situado a 180 quilômetros de Salvador, capital do estado da Bahia.

Como a pobreza é extrema, os pais levam os filhos – geralmente meninos – para a lavra de paralelepípedos, em jazidas clandestinas, que não têm autorização do Departamento Nacional de Proteção aos Recursos Minerais para ser exploradas.

A pedra talhada é comprada por caminhoneiros ou donos de casas de material de construção, que as revendem às prefeituras da região ou a particulares. Um milheiro de paralelepípedos vale aproximadamente 12 dólares, e é revendido por um preço até quatro vezes mais alto nas cidades.

Para lavrar mil pedras, um trabalhador adulto leva de 2 a 3 dias. Já uma criança ou um adolescente consegue lavrar de 100 a 200 pedras, trabalhando de sol a sol, em jornadas de até 10 horas.

Nas jazidas próximas às cidades, até mesmo mulheres e meninas trabalham a pedra, britando granito. E sabe quanto recebem por lata de 20 litros cheia de pedras? Dependendo da grossura da brita, de R$ 0,08 a 0,16, ou seja, não chegam a ganhar duas moedas de 10 centavos! Dá pra acreditar?

Além de ganhar essa miséria trabalhando pesado, as crianças estão expostas a acidentes com marretas, explosivos e deslocamento de pedras nas jazidas. Aspiram o pó da pedra e não raro têm os olhos feridos por lascas.

Nessas mesmas condições penosas e inaceitáveis, foram encontradas crianças e adolescentes nos povoados de Taquara e Itaitinga, no Ceará, em Ibitioca, no Rio de Janeiro, em Pirenópolis, no estado de Goiás e em mais 10 municípios de Santa Catarina.

A ROTA DOS TIJOLOS

De onde vêm os tijolos e blocos das paredes da sua, da minha casa? Grande parte deles ainda vem das olarias, geralmente pertencentes a empresas de pequeno porte.

E como são feitos esses tijolos? A produção começa com a extração da argila; depois, nas olarias, são realizados os trabalhos de elaboração, processamento da mistura, conformação, secagem, queima, escolha e estocagem do produto.

Mas é no trabalho de empilhamento e transporte dos tijolos até os fornos que grande número de crianças e adolescentes trabalha. Para o transporte, eles utilizam carrinhos de mão, onde levam cerca de 56 tijolos, que pesam de 1,5 a 2 quilos quando molhados; isso significa que carregam, em média, 91 quilos por carrinho.

Além de despender um enorme esforço físico, essas crianças ficam expostas ao calor dos fornos, aos gases tóxicos, como o monóxido de carbono produzido pela combustão, e à poeira.

Essa atividade pesada, monótona e repetitiva é realizada em locais precários, com piso de terra batida, que apresentam depressões e saliências. Isso tudo dificulta ainda mais a condução dos carrinhos: são muito comuns os acidentes provocados pela queda dos tijolos, que acabam atingindo as crianças.

As jornadas de trabalho podem chegar a 10 horas; por isso, muitos jovens não vão à escola, ou, quando vão, normalmente estão atrasados em relação à idade e à série que frequentam.

Há crianças trabalhando nas olarias de todo o país. Nas pequenas fábricas de blocos de cimento e em várias fábricas maiores, de tijolos furados — os chamados tijolos baianos —, encontram-se centenas de trabalhadores menores, exercendo suas atividades em condições penosas, insalubres e perigosas.

Isso acontece, de maneira notável, em vários municípios de Santa Catarina.

Na periferia das grandes cidades, as crianças normalmente estão inseridas no trabalho que a família inteira empreita.

AS CRIANÇAS DE BOM FUTURO

A cassiterita é o minério básico para a fabricação de estanho, usado sob a forma de solda em componentes eletrônicos, ou na elaboração de latas para óleos e alimentos, garrafas de plástico e vidro.

Uma das maiores minas de cassiterita do mundo está situada a 360 quilômetros de Porto Velho, capital de Rondônia, no garimpo Bom Futuro.

Pois bem. Nesse garimpo também foi constatada, há alguns anos, a utilização de mão de obra infantil e juvenil. Nos cortes monstruosos que o garimpo fez nos morros da serra do Macaco, as crianças trabalham recolhendo os restos de minérios que a máquina não consegue apanhar, ou então quebrando as pedras de minérios em pedaços menores, numa jornada que chega a 12 horas. Elas se entocam nos buracos feitos em barrancos pelas máquinas para ver se um veio é de boa qualidade.

Vez por outra, alguns barrancos desabam. Em 1993 ocorreu um grave acidente, no qual morreram soterradas 19 pessoas, entre as quais dois garotos, um de 6 e outro de 4 anos. As crianças também descem em poços de até 23 metros, à procura de veios de cassiterita. Tudo isso para receber de R$ 100,00 a 200,00 por mês, uma renda fundamental para a sobrevivência de suas famílias.

"Leandro de Jesus, 10 anos, e Joni de Jesus, 5, são filhos do Bom Futuro. Nasceram no garimpo e não conhecem outro lugar. Não dá tempo, segundo eles. Leandro e Joni são arrimos de família: trabalham até 12 horas por dia para sustentar a mãe. Os meninos são órfãos de pai (que morreu soterrado em um dos barrancos do garimpo) e têm que trabalhar para sustentar a mãe, que vive com febre em consequência da malária que contraiu. Os dois catam restos de cassiterita que caem de uma máquina que separa o metal da terra... Com uma bateia (cone de metal com um furo no meio), ou uma panela furada, eles ficam sob uma máquina que separa a cassiterita, catando os grãos de minério que caem fora por serem pequenos demais. Ficam o tempo todo debaixo da água que escorre da máquina, no meio da lama que se forma. É um trabalho que só as crianças podem fazer, segundo Evandro Afonso Mesquita, de 28 anos, coordenador da Comissão de Combate ao Trabalho Infantil em Rondônia. Como ele é feito debaixo de uma máquina escorada por troncos de madeira, adultos podem remexer demais o solo e provocar o desmoronamento."

Folha de S. Paulo, 1/5/97, Especial, p. 8

Como você pôde notar, o bom futuro de Leandro e Joni está fincado na lama. Que horizonte eles vão conseguir divisar debaixo de uma máquina escorada por troncos de madeira, com a panela na mão, à espera das pedrinhas rejeitadas?

Granitos, tijolos, blocos, minérios... Entre paus e pedras estão crescendo milhares de crianças deste nosso país. Carregando peso, se entocando em buracos, chegando ao fundo de poços, correm o risco de ver desmoronado o mundo que os adultos "construíram" para eles: um mundo cheio de lama e, provavelmente, despovoado de sonhos.

Que será dos nossos Leandros e Jonis e do bom futuro?

Na fabricação de tijolos, as crianças, além de fazer um enorme esforço físico, ficam expostas ao calor do forno, aos gases tóxicos e à poeira.

Sujeitos a acidentes com marretas, explosivos e deslocamentos de pedras, crianças e adolescentes fazem o papel de britadeiras, trabalhando de sol a sol.

Numa jornada que pode chegar a dez horas, o menino transporta o tijolo até o forno: o carrinho cheio chega a pesar 91 quilos.

O menino recolhe a massa de cimento preparada pela betoneira e leva para as prensas, onde são montados os blocos.

que mundo é esse **trabalho infantil** volta das férias

A menina tem jornada dupla de trabalho: depois de ajudar a mãe nos afazeres domésticos, trabalha na brita da pedra.

aprendemos tanto, tanta coisa...

O tema do número 9 do nosso jornal foi o trabalho nas carvoarias. Como eu já tinha lido muita coisa a respeito do assunto, acabei participando ativamente da elaboração dos textos. E um dos aspectos que mais me impressionaram foi a falta de cor na vida das pessoas que trabalham na produção de carvão. Justo eu, que adoro as cores vibrantes! Como conceber uma vida alegre sem o vermelho, o amarelo e o laranja?

Mas, antes fosse só esse o problema... Acompanhe o texto que vem a seguir, resultado final do nosso trabalho, e veja, ou melhor, sinta o que estou tentando dizer.

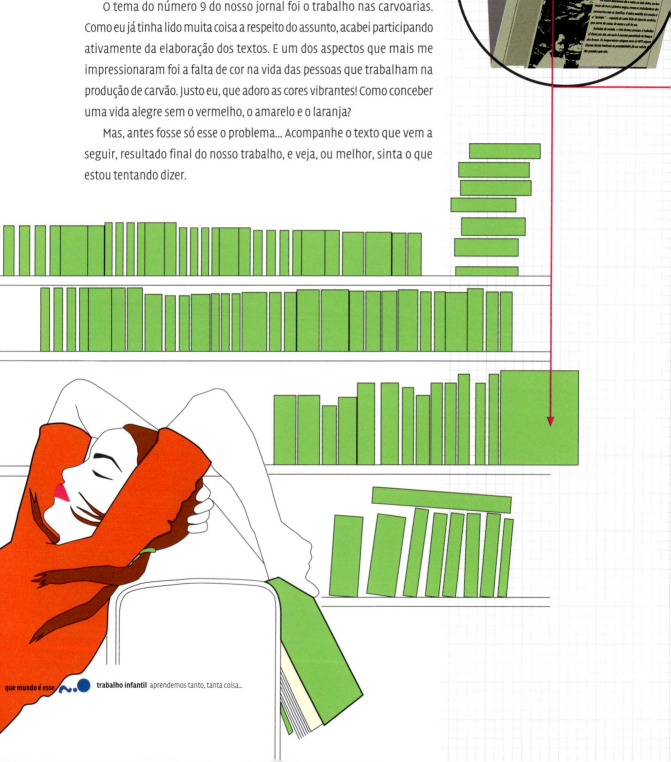

 # nosso jornal

A VIDA EM PRETO E CINZA

Os fornos funcionam dia e noite; ao lado deles, em barracas de tora e plástico negro, vivem os trabalhadores das carvoarias com as famílias. A única mobília das tendas é a "tarimba" — espécie de catre feito de ripas de madeira, que serve de cama, de mesa e até de pia.

Isoladas do mundo, a vida dessas pessoas é trabalhar 12 horas por dia, em meio à enorme quantidade de fumaça dos fornos. As temperaturas atingem mais de 50 °C; alguns desses locais lembram as proximidades de um vulcão, de tão quentes que são.

Criança e sua casa — carvoaria.

As crianças das carvoarias ajudam os pais em todas as etapas da produção de carvão: corte e enfileiramento das toras de eucalipto na floresta; transporte das toras para as baterias; carregamento dos fornos com a lenha; fechamento das portas dos fornos; colocação do fogo de cima para baixo; barreamento dos furos enquanto a lenha é queimada, para não deixar a fumaça escapar; retirada do carvão dos fornos; ensacamento do carvão.

As meninas ainda ajudam nas tarefas domésticas: carregar água, cozinhar, lavar roupa...

Não há escolas nesses acampamentos e por estarem distantes dos núcleos rurais, onde seria possível encontrar algumas delas, nenhuma criança frequenta as salas de aula.

"No inferno dessas carvoarias, as crianças estão por todo canto. Têm corpos franzinos, enegrecidos pela fuligem e pelo carvão, as pequenas mãos já calejadas e os olhos permanentemente inchados. Enquanto trabalham, os mais novos apertam na boca as chupetas deformadas pelo calor. As crianças são obrigadas a entrar nos fornos ainda quentes, para recarregá-los com as toras que serão queimadas. Essa temperatura elevada, mais a fumaça no espaço interior do forno, causam inchaço nos olhos e outros problemas visuais que podem levar à cegueira. Além disso, os enormes garfos usados para recolher o carvão provocam acidentes. São muitas as crianças que têm cicatrizes no corpo e problemas respiratórios por causa da fuligem."

Agência Terra, 1996

Sentiu, agora, o verdadeiro inferno que deve ser a vida dessas pessoas? Pois essa gente, brasileira como você e eu, com os mesmos direitos a ter uma vida confortável e digna, pode ser encontrada em vários pontos do país. Calcula-se, aliás, que existam no Brasil 60 mil carvoeiros, entre crianças e adultos.

Onde? Junto a eucaliptais de vários estados, surgidos na década de 70, com a ideia de organizar e plantar reservas de eucalipto para suprir a demanda de madeira no sul do país.

Mas, como os custos para transportar a madeira aumentaram muito, começou-se a pensar na instalação de indústrias cuja base fosse florestal, como as de papel e celulose.

Como isso também acabou não dando certo, as empresas reflorestadoras tiveram que buscar uma alternativa para o aproveitamento de toda aquela madeira – eram cerca de 500 mil hectares de florestas intactas, na década de 80, só em Mato Grosso do Sul. E a alternativa encontrada foi a sua transformação em carvão vegetal.

As carvoarias funcionam igualzinho, onde quer que estejam. Os trabalhadores são recrutados, junto com suas famílias, pelos "gatos" – os agenciadores de mão de obra.

No caso das carvoarias, as inúmeras famílias trazidas por eles acabam se enfiando no meio dos imensos eucaliptais, longe dos centros urbanos, sem contato com qualquer tipo de civilização. Para chegar às cidades mais próximas, têm que percorrer mais de 50 quilômetros de estradas de areia ou cascalho, em péssimas condições por causa do tráfego dos pesados caminhões que transportam o carvão. E isso quando conseguem carona com algum empreiteiro, pois não há ônibus regulares.

Assim, acabam dependendo quase que totalmente dos gatos para satisfazer as necessidades básicas de alimentação, atendimento à saúde e transporte. Quase nunca recebem dinheiro – o pagamento sob forma de vales é trocado por alimentos a preços elevados – e tudo lhes é cobrado: transporte, remédios, o plástico das tendas e até as ferramentas usadas no trabalho. Até pouco tempo atrás, era cobrada também a água, trazida em tambores.

Além de Mato Grosso do Sul, as carvoarias também podem ser encontradas em Minas Gerais, no vale do Jequitinhonha; em Goiás, na Bahia e no Espírito Santo.

Em 1998, uma equipe da Faculdade de Medicina da Universidade Federal de Minas Gerais fez um estudo detalhado sobre os riscos da atividade carvoeira para a saúde das crianças que trabalham nesse setor. O grupo formado por médicos do trabalho, psicólogas e o engenheiro ambiental Cláudio Guerra, que também participou do levantamento feito em Mato Grosso do Sul, centralizou suas atividades em 41 carvoarias do município de Carbonita, no vale do Jequitinhonha.

Preste muita atenção, agora, à conclusão desse trabalho tão importante.

A atividade compromete a saúde dos trabalhadores mirins e dos adultos: as famílias são desnutridas, sofrem de doenças respiratórias causadas pelos gases, com casos até de câncer; moléstias parasitárias e infecciosas são frequentes, assim como alergias respiratórias e de pele; resfriados, conjuntivites, por causa das altas temperaturas (até 70 °C) e pela ausência de água potável nesses locais. Insolações, síncopes, exaustão térmica e queimaduras fazem parte do cotidiano desses trabalhadores. A atividade braçal exaustiva provoca problemas na coluna e nos braços, e os envenenamentos são comuns, pela presença de cobras e outros animais peçonhentos.

Fechamento da porta do forno.

"Como a carvoaria acaba com a saúde do ser humano, eles aparentam mais idade do que têm. A Regina, minha irmã e psicóloga que atuou na pesquisa, costuma chamá-los de jovens idosos."

Cláudio Guerra, engenheiro ambiental.

O depoimento de Antônio, carvoejador de 9 anos, ilustra as palavras do engenheiro:

"Quando eu era criança, eu brincava. Agora que fiquei grande, ajudo meu pai."

Depois disso, qualquer comentário torna-se totalmente dispensável, você não acha?

o problema é de todos nós

Há mais de **10 anos**, o engenheiro ambiental Cláudio Guerra estuda o trabalho nas carvoarias de Mato Grosso do Sul e Minas Gerais.

"Minha pesquisa começou em **1990** na bacia do rio Piracicaba (MG), que é o berço da siderurgia a carvão vegetal no Brasil. Estudamos rios, cobertura vegetal, impactos ambientais e nos deparamos com as pessoas fazendo trabalho análogo ao de escravos. Consegui apoio financeiro para pesquisar, com método, o trabalho dos carvoeiros. Publicado em **1995**, o estudo repercutiu muito em Minas Gerais, e as empresas reflorestadoras e carboníferas o criticaram muito.

O Unicef me convidou para fazer um trabalho semelhante em Mato Grosso do Sul, entre **1996** e **97**. Esse estudo serviu no mapeamento dessa situação, com o governo federal investindo no programa de bolsa-escola, para tirar as crianças do trabalho, e o Ministério do Trabalho fiscalizando as carvoarias. O projeto terminou em **98**, mas o governo do estado continuou sua ação.

Em seguida, fui convidado pela Universidade Federal de Minas Gerais a pesquisar as famílias carvoeiras no vale do rio Jequitinhonha. Como não obtivemos apoio do estado mineiro, tivemos que interromper o trabalho em **99**.

O problema é de todos nós, ele existe, é concreto. A cadeia produtiva da siderurgia a carvão vegetal fatura **US$ 4 bilhões** ao ano, mas os trabalhadores são a parte mais vulnerável. A pior condição é a do trabalho infantil. Crianças não têm condições físicas e estrutura para suportar aquela situação."

Menino carrega toras de madeira para dentro do forno. O trabalho é extenuante: é preciso alimentar os fornos que não param de funcionar.

Nas carvoarias, as crianças ajudam os pais em todas as etapas da produção do carvão: corte das toras na floresta, transporte da madeira para as baterias, alimentação dos fornos.

94

A moradia das famílias carvoeiras são feitas de toras de madeira cobertas de plástico, ao lado dos fornos que queimam dia e noite sem parar. Crianças perambulam entre a fumaça, expondo-se a sérios riscos.

que mundo é esse   **trabalho infantil** aprendemos tanto, tanta coisa...

As crianças são obrigadas a entrar nos fornos ainda quentes, para recarregá-los com novas toras. Por causa da temperatura elevada e da fumaça, constantemente têm problemas visuais e pulmonares.

Crianças manuseiam garfos maiores que elas próprias para recolher o carvão. Muitas delas têm cicatrizes no corpo. A fuligem é outro perigo: provoca problemas respiratórios.

96

reta final

O mês de setembro já estava na sua segunda metade, o ano estava mais próximo do fim e nós, com nove jornaizinhos publicados, já havíamos andado mais da metade do caminho que havíamos traçado. Em relação ao plano inicial, só nos faltava falar sobre o trabalho das crianças dentro de casa, como domésticas, que seria o jornal de número 10, o trabalho nas ruas, o de número 11, e o trabalho infantil nas indústrias, o 12° e último jornal.

# nosso jornal

AS CRIANÇAS DENTRO DE CASA

Não é preciso ir longe para saber de um problema que está muito perto de todos nós: o das mães que saem de casa para trabalhar como domésticas em casas de famílias.

Na verdade, o problema maior acaba acontecendo com os filhos que ficam em casa, geralmente aos cuidados da filha mais velha, mesmo quando esse "mais velha" significa 6, 7 ou 8 anos. Essas meninas cozinham, lavam, passam, arrumam a casa e tomam conta dos irmãos menores.

Outro caso é quando as filhas têm que sair de casa para trabalhar e morar em casas de famílias, como domésticas. Para os pais, é um alívio: as meninas têm teto e comida garantidos e as despesas deles diminuem, pois ficam com menos bocas para alimentar.

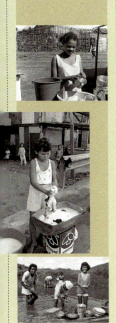
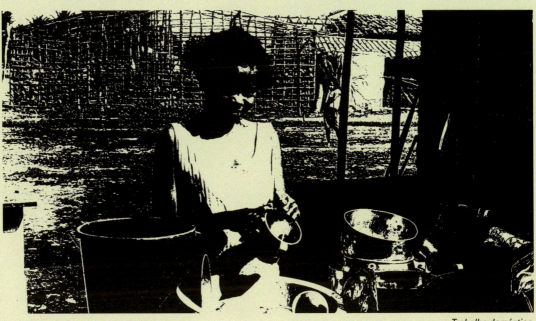

Trabalho doméstico.

A tristeza é que, além de normalmente serem mal remuneradas e nem sempre bem tratadas, essas meninas acabam abandonando os estudos. Registro em carteira, então, garantia de direitos, é coisa rara, mesmo para as que já têm idade permitida por lei para isso.

Nesse tipo de trabalho infantil, o doméstico, há situações ainda mais graves, muito mais graves! Um exemplo? Veja só.

Em 1998, o Conselho Tutelar de Breves, na ilha do Marajó, estado do Pará, denunciava que todos os anos mais de mil meninas da região eram vendidas ou doadas para famílias com as quais iam na condição de empregadas domésticas, em Belém (capital do Pará) e Macapá (capital do Amapá). O pagamento mensal se resumia a roupa e comida e os abusos sexuais eram comuns. As jovens eram impedidas de frequentar a escola e, muitas vezes, nem à rua podiam sair. Diante de tal situação, muitas conseguiam fugir mas, na impossibilidade de voltar para suas famílias, acabavam se prostituindo nas ruas de Belém.

Você reparou bem nos dados? Mais de mil crianças vendidas ou doadas pelas próprias famílias, trabalhando como escravas, em troca de roupa e comida, vítimas, muitas vezes, de abusos sexuais! E não se trata de uma pesquisa feita no século passado, não, no tempo em que os negros eram escravos dos brancos. Por falar desse tempo, Virgínia, a professora de História, nos trouxe algumas notas extraídas de um livro de Gilberto Freyre, chamado *O escravo nos anúncios de jornais brasileiros do século XIX*, para que a gente fizesse uma comparação. Um dos anúncios que mais nos impressionaram falava de Joana, "uma mulatinha puxada a sarará, de 14 anos prováveis, fugida de um engenho do Cabo, e que seria, com suas pernas e mãos muito finas, uma verdadeira 'flôr de peccado', de cor alvacenta, cabelos carapinho e russo, corpo regular, com todos os dentes, mas com 'vestígios de chicote no corpo... a fala às vezes viciosa... padecendo de bouba nas partes ocultas'".

Fomos olhar no dicionário e descobrimos que bouba é uma doença infecciosa que produz efeitos semelhantes aos da sífilis que, por sua vez, é outra doença gravíssima, contraída através de relações sexuais. Isso tudo quer dizer que a escrava Joana, na segunda metade do século XIX, além dos maus-tratos físicos, também poderia ter sido vítima de abusos sexuais, como nossas meninas de Belém e de Macapá, hoje, em pleno século XXI!

Bem, se você ainda não conhecia, acaba de conhecer uma das faces mais tristes e deprimentes da realidade deste nosso país. E agora? Vai ser capaz de continuar aí, calado e indiferente, comodamente instalado na sua casa?

A menina no trabalho doméstico.

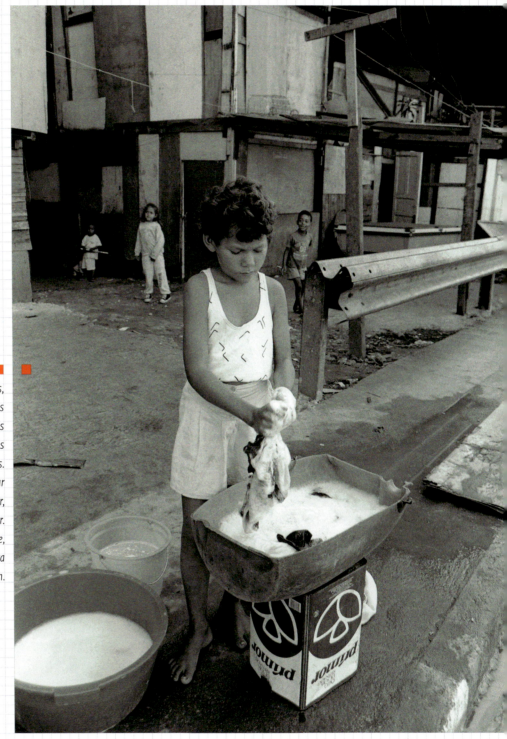

Nas grandes cidades,
a maioria das mulheres das
famílias pobres
são empregadas
domésticas.
Cabe às meninas cuidar
da casa: lavar, passar,
cozinhar.
Muito provavelmente,
seu futuro trabalho fora
de casa será esse também.

Na zona rural muitas meninas também fazem o serviço doméstico, enquanto os pais vão trabalhar na roça.

Nas famílias pobres, as crianças mais velhas, mesmo ainda pequenas, cuidam dos irmãos menores, como esta menina, que prepara a mamadeira para o irmãozinho.

nosso jornal

AS CRIANÇAS FORA DE CASA

O problema das crianças nas ruas das cidades brasileiras é histórico; vem sendo registrado desde os tempos em que o Brasil era colônia de Portugal.

Mas foi com a intensificação da urbanização, isto é, foi quando as cidades cresceram muito e se tornaram superpovoadas, que o problema começou a incomodar governo, sociedade e entidades assistenciais.

Hoje já se podem identificar dois tipos de situação: a das crianças que exercem algum tipo de atividade nas ruas e a das crianças que já se tornaram "de rua".

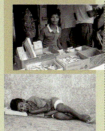

AS CRIANÇAS NA RUA

A situação de crianças "de" e "na" rua – manchetes e preocupação dos jornais e entidades sociais durante toda a década de 90 – é um problema não só do Brasil, como de outros países da América Latina.

Assim, nessa década, foram feitas várias contagens de crianças em situação de rua, por organizações governamentais e não governamentais. Esse trabalho demonstrou que não só é possível quantificar essas crianças como também encontrar soluções para mudar essa situação tão dramática.

Quer alguns dados importantes que a pesquisa mostrou? Vamos lá, então.

A maioria das crianças de rua é constituída por meninos; para você fazer uma ideia, de cada 100 crianças, apenas 10 são meninas.

A faixa etária dessas crianças está entre 7 e 17 anos, com grande concentração entre 11 e 14 anos. O início das atividades acontece dos 7 aos 12 anos, com predominância nos 9. A maioria vem de bairros pobres e favelas e retorna para casa depois do trabalho; um número menos significativo mora nas ruas.

A atividade mais comum é a de vendedor ambulante, seguida por lavadores e guardadores de carro, engraxates, carregadores de compras, pedintes. A jornada de trabalho vai além de 40 horas semanais, para conseguir rendimentos entre meio e um salário mínimo.

No final da década de 90, os meninos e meninas de rua já haviam se tornado famílias de rua completas, com populações expressivas vivendo debaixo de pontes e viadutos, mendigando e catando papel, principalmente nas grandes cidades.

As crianças que fazem da rua seu local de trabalho estão expostas aos perigos da "sociedade de rua": pessoas em trânsito, policiais, gangues, traficantes, mendigos, criminosos, adultos sempre prontos a explorá-los. As ruas, infelizmente, acabam se tornando uma "escola" eficiente no ensino de práticas negativas, colaborando para aumentar ainda mais a violência que já impera nas grandes metrópoles.

E é dentro desse contexto que vivem e crescem nossas crianças de rua: envolvidas com transporte, consumo e venda de drogas, expostas à ação dos exterminadores, a um passo da prostituição.

O pequeno vendedor.

Crianças na rua: o engraxate.

O menino jornaleiro dorme sob uma marquise, para guardar o ponto dominical de venda de seus jornais. Está totalmente exposto aos perigos da rua.

O pequeno engraxate é presença histórica em todo o país. As crianças trabalham para complementar o orçamento de casa.

105

*O menino vende fogos de artifícios na feira.
Muitas crianças perdem suas vidas na fabricação de fogos de artifício.*

pausa para pensar

Quando o pessoal chegou a esse ponto, resolveu parar para discutir com o grupo responsável pela co-ordenação do jornal, do qual eu fazia parte. Acontece que eles estavam sentindo muita dificuldade para falar do tema prostituição. E queriam trocar ideias com um maior número de pessoas antes de partir para a redação.

Foi uma verdadeira barra! A gente se deu conta de que estava enfrentando, antes e acima de tudo, nossos próprios preconceitos, medos, dúvidas e vergonhas!

Chegamos a pensar em fazer um outro fórum de debates, mas nem prontos para discutir estávamos. Ainda bem que tivemos a ideia de pedir socorro à psicóloga do colégio, uma pessoa muito legal, muito acessível, amiga mesmo, a Berenice. Foi ela que conversou muito com cada um de nós e propôs que a gente amadurecesse um pouco mais a ideia, que fosse recolhendo material com calma e que contasse com sua ajuda até para escrever, se fosse o caso.

Esse papo com a Berenice foi superlegal pra todo mundo! E, como um feriado prolongado estava chegando, a gente resolveu que só voltaria a falar no assunto depois que ele tivesse passado. Naquele momento, o pessoal todo só enxergava uma coisa na frente: a folga do feriadão! E não poderia haver nenhuma perspectiva mais agradável que aquela!

Por falar em coisa agradável, sabe que o Fran continuava a me escrever, e eu pra ele, claro? No começo, a ansiedade de ambas as partes estava impedindo que o papo rolasse mais solto. Parecia que um sempre estava querendo saber quando ia poder ver o outro, quando e onde ia ser o próximo encontro, às vezes pintava uma pontinha de ciúme, daqui e dali, um querendo saber se o outro estava com alguém, essas coisas... Mas depois, com o tempo, o papo foi ficando gostoso, papo de amigo, mesmo, a gente começou a trocar ideias sobre a vida, os estudos, os amigos... Era uma delícia ficar esperando o carteiro chegar pra ver se havia alguma carta pra mim!

Bem, voltando ao feriado prolongado de outubro, minha mãe sugeriu que eu fosse passá-lo com minha avó Laurita, em Santos. Seria uma forma de me distanciar um pouco do dia a dia pesado que estava vivendo, de me distrair e repor as energias para o fim do ano letivo, período de provas, etc. etc... Os argumentos da minha mãe, que adorava um discurso de vez em quando, ainda foram longe. Eu é que tinha aprendido a não dar ouvidos quando ela se entusiasmava, se inflamava e até gesticulava, como se estivesse num palanque. Vocação para a carreira política, dizia meu pai, com o que acabava atraindo para si a cascata de palavras que jorravam sobre minha pessoa.

O que não posso negar é que, embora exagerando no discurso, minha mãe quase sempre tinha razão. Eu estava mesmo precisando dar uma desligada. E foi assim que embarquei para Santos.

a canoa furada

A chegada foi ótima, como sempre. Eu me dava superbem com minha avó, uma pessoa muito ativa, saudável e bem-disposta para os seus quase 70 anos. Já meu avô Maneco, embora bastante saudável também, era mais pacato, mais calmo, meio devagar quase parando...

"Quando é que vocês vão aprender a respeitar meu ritmo?", era o que ele vivia dizendo pelos quatro cantos da casa.

Vó Laurita estava sempre inventando coisas pra fazer. Além das caminhadas diárias até a praia (que não era muito perto de sua casa) e depois pela praia — para as quais ela "arrastava" o marido — eram cursos de pintura ou culinária, chás e bazares beneficentes e cinema, que ela adorava! Companhia era o que não lhe faltava: se meu avô teimava em ficar em casa, sempre aparecia alguma amiga disposta a ir com ela. Uma vida agitada a da minha avó!

Dessa vez ela me recebeu anunciando mais uma novidade.

— Madalena, minha filha, estou dando umas aulas de pintura em tecido num espaço criado para dar assistência a meninas prostituídas.

Entendeu agora por que eu falei em canoa furada? E eu, que tinha viajado justamente para poder me distrair e desligar das coisas pesadas do dia a dia... E minha mãe, então? Só queria ver a cara dela quando soubesse dessa nova atividade da sogra...

Bem, "o que não tem remédio remediado está"! Não era esse um dos ditados mais usados por minha própria mãe? Então, por que não me animar e tentar aproveitar ao máximo essa nova experiência que a vida estava me oferecendo?

— Que legal, vó Laurita! A senhora pode me levar junto?

— Claro! E você teve sorte, pois minha aula é hoje à tarde, daqui a pouco, aliás. Se quiser, pode pintar junto com as meninas. Um pano de prato, por exemplo, com um motivo bem simples, para começar.

Como você está percebendo, foi tudo na base do susto. Não deu tempo de pensar. E foi assim que cheguei ao Espaço Meninas, com minha avó professora, na tarde da quinta-feira, véspera do feriado.

Era uma casa enorme, que ficava no centro da cidade, perto do cais do porto.

Assim que minha avó entrou, deu pra perceber o quanto ela era querida e popular. Depois de cumprimentar todo mundo, quero dizer, os funcionários que trabalhavam ali, e alguns visitantes, foi direto pra sua salinha, onde as alunas já esperavam por ela. Era um grupo de sete meninas, de 12, 13 a 16, 17 anos, mais ou menos.

Meio sem graça, a princípio, sem saber o que dizer nem o que fazer, fui salva por vó Laurita, que me apresentou rapidamente a todos e me colocou debruçada sobre tintas e pincéis que deveriam colorir um patinho decalcado num pedaço de tecido, um futuro pano de prato. Assim, entretida e concentrada, fui conseguindo relaxar, fui ficando à vontade e até troquei algumas palavras com as minhas companheiras.

Que situação, meu Deus! Quando eu contasse para o pessoal do colégio, ninguém ia acreditar!

O tempo foi passando, eu fui me "esparramando", houve uma pausa para o lanche — bolo e suco de maracujá — e depois me senti solta outra vez, quase leve.

Foi nesse momento que Maurício, o coordenador do Espaço, se aproximou para conversar um pouco comigo. Depois de dez minutos, sem que eu me desse conta, já estava na sala dele, com a corda toda, contando do trabalho que estávamos realizando no colégio, como tudo tinha começado, como tinha continuado e evoluído, em que ponto estávamos, exatamente, talvez o mais difícil e delicado de todos, e por que havíamos decidido dar um tempo...

— Coincidência ou não, Maurício, acabei vindo descansar justamente aqui, com minha avó, que, tanto quanto eu, está completamente envolvida com este projeto. Sabe que desde que cheguei ela só fala nisso? Fazia tempo que não via a vó Laurita tão entusiasmada!

Papo vai, papo vem, Maurício acabou me passando uma série de folhetos explicativos dos programas desenvolvidos pela SEAC, a Secretaria de Ação Comunitária e Cidadania, órgão ligado à Prefeitura Municipal de Santos.

Ficamos conversando bastante tempo, tempo suficiente para ouvir e contar muitas histórias, até que a voz firme e forte de minha avó me chamou de volta ao trabalho.

Quando terminei meu pano de prato, a aula também já estava no fim. Fui com vó Laurita até a sala ao lado, onde ficavam as Meninas Criativas, grupo de cinco alunas que haviam se destacado nas oficinas de trabalhos manuais, não só pela habilidade, como pela dedicação, e que resolveram se profissionalizar, vendendo os seus trabalhos. Deixei meu pano de prato com elas, para que fizessem o caseado e o crochê nas pontas e o vendessem também. Em retribuição, me deram um já pronto pra eu levar de lembrança. Foi muito legal essa troca. Muito legal mesmo! E não falo só dos panos de prato, não, falo de tudo: de ter tido a oportunidade de estar com elas, lado a lado, desenvolvendo uma atividade comum, de ter conseguido me soltar e ficar à vontade, fazendo com que elas também se sentissem assim, independentemente de eu ser a neta da professora, de ter uma outra história de vida, infinitamente mais fácil que a delas, de ter tido a oportunidade de conversar com o pessoal que trabalha com essas meninas, algumas, aliás, que passam por ali só para visitar esse pessoal, que se tornou muito amigo. Tudo isso foi muito, foi superlegal!

É preciso denunciar

Anote este número: **0800-99-0500**.

É o telefone que recebe denúncia da exploração sexual de crianças e jovens. A ligação é gratuita. O atendimento é mantido pelo Sistema Nacional de Combate à Exploração Sexual Infantojuvenil, parceria de várias entidades com o Ministério da Justiça. Esse sistema existe desde **1997** *e um quinto das ligações registradas foi apurado e solucionado.*

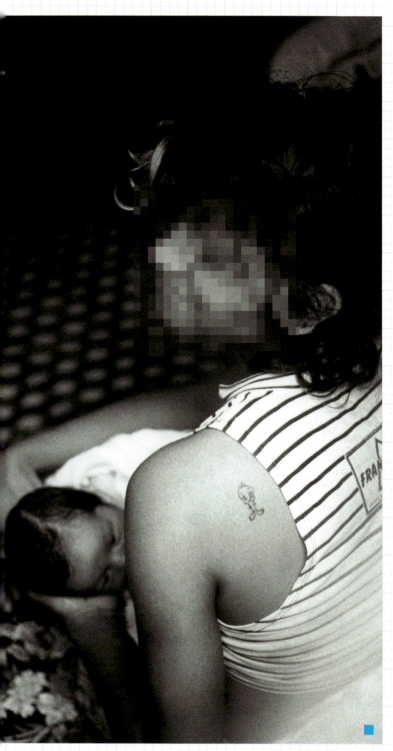

As meninas que se prostituem engravidam com facilidade, por falta de conhecimento do próprio corpo e de orientação.

Ah, ainda não falei sobre o grupo de meninas grávidas que também participam das atividades, e dos bebês que ficam aos cuidados do pessoal da casa, enquanto as mães desenvolvem alguma atividade no Espaço. Uma grande família de gente que se respeita e se quer bem, é isso o que eles deixam transparecer.

Uma coisa que me impressionou muito foi sentir que os responsáveis pelo projeto querem, acima de tudo, o bem das meninas. E que, para isso, procuram ouvir o que elas têm a dizer, respeitando seus desejos e estimulando o que cada uma tem de bom e bonito para mostrar e desenvolver. Em outras palavras, estão sempre cuidando da autoestima dessas meninas, ou seja, estão sempre mostrando que elas têm muitos motivos para gostar de si mesmas, para se cuidar e procurar o caminho que possa torná-las mais felizes.

No fim da tarde, que havia se tornado cinza e chuvosa, voltamos para casa, minha avó e eu.

Depois do banho quente, a sopa de mandioquinha a três, sem dúvida alguma, a melhor, a mais quente e saborosa refeição da minha vida, ainda tive fôlego para ler os folhetos que tinha trazido e escrever algumas anotações sobre o projeto do qual minha avó está participando com tanto entusiasmo.

Muitas vezes, as vítimas de abuso sexual acabam na prostituição.

vovô sabe tudo

Trata-se de um projeto muito bonito, que procura valorizar o idoso, oferecendo a ele a possibilidade de transmitir aos mais jovens toda a experiência profissional acumulada ao longo de sua vida, seus conhecimentos, habilidades e aptidões. O grande desafio do programa está em alcançar o sucesso nessa reaproximação e troca de informações entre gerações. Para isso, procura estimular a convivência saudável entre os jovens — especialmente crianças e adolescentes — e os mais velhos, por meio de várias oficinas: jardinagem, pintura em tela, artesanato, bijuterias, tapeçaria, corte e costura, mestre de obras, entre outras.

Ao participar desse projeto, o idoso, antes de ajudar os outros, se ajuda duas vezes. Preste atenção nas palavras de minha avó:

— Sabe, Madalena, como me sinto hoje, três meses depois que entrei no projeto? Mais segura, mais alegre, mais vaidosa, mais bonita, até... Parece que comecei a me cuidar mais, com mais prazer e mais carinho, você entende? Tá certo que o salário mínimo que recebo mensalmente está colaborando pra isso... É uma ótima ajuda para nosso orçamento, me deixa mais tranquila. Mas o mais importante é sentir que as meninas do Espaço reconhecem e agradecem a minha dedicação. E demonstram isso com o olhar, em cada um dos nossos encontros. Quando as Meninas Criativas começaram a vender os trabalhos que produziam, então, alguns que aprenderam a fazer comigo, foi uma sensação maravilhosa, minha filha!

Minha avó falou e disse! Por isso é que eu sinto tanto orgulho de ser neta dela!

Bem, meu feriado acabou e embora não pareça consegui descansar. As caminhadas na praia, os banhos de mar, as delícias culinárias do meu avô — sabe que é ele o mestre-cuca da casa? —, os papos altíssimo astral com minha avó, o sossego do meu avô, desacelerando nosso ritmo (às vezes frenético!...), tudo isso me fez muito bem.

Voltei cheia de energia e louca pra contar as novidades ao pessoal do colégio.

recolhimento

A volta não foi tão fácil e animada como eu esperava. Depois que passou aquela espécie de euforia que sempre me dá quando descubro coisas novas para explorar, baixou uma espécie de exaustão, torpor, amortecimento, uma sensação estranhíssima!

Demorei quase uma semana para me recuperar, não falei uma palavra sobre a viagem com ninguém, a não ser com Berenice, a psicóloga da escola, a pedido de minha mãe, que já estava ficando preocupada com meu estado de ânimo.

E a conversa me fez bem. Foi sobre a viagem a Santos, basicamente, mas o assunto acabou "pulando o muro" até chegar em alguns pontos muito íntimos, delicados, doloridos...

Quando ela me perguntou, por exemplo, o que mais havia me impressionado, a imagem que saltou à minha frente foi a das duas meninas que conheci no Espaço, aprendendo a pintar com minha avó. Soube depois que tinham 13 anos, e tudo indicava já terem dado os primeiros passos dentro da prostituição.

— Foi isso o que mais me impressionou, Berenice. Elas aparentavam bem menos, uns 10 anos, no máximo, eram crianças, crianças de tudo, dessas que ainda gostam de brincar com bonecas...

— E você acabou se colocando no lugar das meninas, já que a idade é quase a mesma, apesar de ter se sentido muito mais velha do que elas, não é?

— É isso aí...

Foi só então que um acesso de choro, primeiro forte, violento até, depois mais manso, mais calmo, conseguiu me desengasgar. Chorei no colo da Berenice até quase adormecer.

Antes de ir embora, ela me perguntou:

— Você já conversou sobre isso com sua mãe?

— Não, ainda não...

— Pois então faça isso ainda hoje. Só vai lhe fazer bem, eu garanto.

Quando cheguei em casa a primeira coisa que fiz foi pegar minha mãe de jeito e lavar a alma com ela também. E desta vez quem chorou foi ela; eu fiquei firme, mesmo porque acho que já tinha chorado todas as lágrimas do ano no colo da Berê. Mas foi muito legal, muito legal mesmo!

Antes de dormir o melhor sono dos últimos tempos, pensei muito sobre um outro ponto: será que a maioria das garotas, como eu, também sentia vergonha de falar de alguns assuntos com a mãe, com os pais, enfim? E por que será que isso acontecia? Por que tive de desabafar primeiro com a psicóloga do colégio, uma pessoa da idade da minha mãe, legal e aberta como a minha mãe, mas que não era mãe, nem era da família?

Com você também acontece isso?

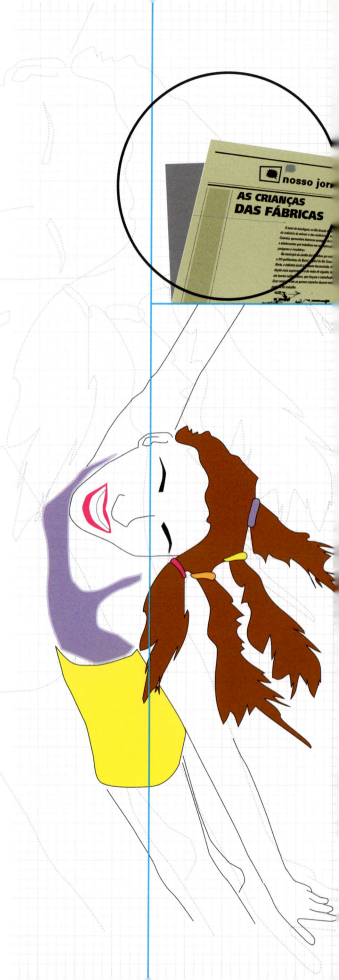

Bem, depois do desabafo e de 12 horas corridas de um sono profundo, amanheci me sentindo outra pessoa, ou melhor, voltei a ser a pessoa que sempre tinha sido. Pelo menos era essa a minha sensação.

Quando a Berê percebeu que eu já estava recuperada, me deu outro toque legal:

— Por que você não transforma suas anotações de viagem no jornal dedicado ao tema da prostituição infantil? Acho que a força de um depoimento, de uma experiência vivida, como a viagem da Ana Rosa à região do sisal, pode causar um impacto muito interessante e saudável.

E não é que ela tinha razão? O grupo aceitou de imediato a sugestão e a edição número 12 ficou pronta rapidinho: não tirei nem acrescentei uma palavra; ficou do jeito que eu tinha escrito, com a emoção ainda quentinha. Assim, acabamos fazendo um jornal a mais do que o previsto.

A repercussão não poderia ter sido melhor. Até o diretor do colégio veio me cumprimentar, você acredita? Fiquei toda inchada, claro, mas dividi os elogios com a Berenice. Não fosse a orientação dela, a gente não teria colhido aqueles resultados tão positivos.

Ufa! Sobrevivemos, enfim! Sobrevivi ao cumprimento da tarefa mais difícil de toda a minha vida, com certeza!

Bem, já estávamos na segunda semana de novembro, o ano quase no fim, e nosso trabalho também, felizmente: só estava faltando finalizar o último jornal, o 13º, que trataria do trabalho das crianças e adolescentes nas indústrias. Veja só como ele ficou.

que mundo é esse   trabalho infantil recolhimento

nosso jornal

AS CRIANÇAS DAS FÁBRICAS

O setor de tecelagem, no Rio Grande do Norte, e o da indústria de móveis e das madeireiras, em Santa Catarina, apresentam inúmeros exemplos de crianças e adolescentes que trabalham em condições penosas, perigosas e insalubres.

No município de Jardim das Piranhas, por exemplo, a 315 quilômetros de Natal, capital do Rio Grande do Norte, a indústria têxtil é bastante desenvolvida. A produção mais expressiva é a de redes de algodão, feitas em teares rudimentares, que forçam o trabalhador a ficar sentado com as pernas cruzadas durante todo o período de trabalho.

Menino na aparadora de papel.

Alunos da Universidade Federal do Rio Grande do Norte fizeram uma pesquisa no município e constataram que cerca de 30% dos trabalhadores têxteis eram crianças e adolescentes, com cargas horárias de até 14 horas, sendo que as horas da noite valiam metade do pagamento das diurnas. Muitos donos de tecelagens só contratavam o jovem se ele ficasse disponível à noite, o que o impedia de frequentar a escola. As condições de trabalho eram precárias e insalubres – barulho ensurdecedor, pó de algodão em suspensão no ar e manuseio de produtos químicos como o cloro, usado para branquear as fibras.

Em municípios vizinhos, como Tenente Laurentino e Lagoa Nova, crianças trabalhavam em casas de farinha, por meio salário mínimo mensal. Crianças de 9 e 10 anos cumpriam jornadas de 8 a 10 horas seguidas, ganhando em troca R$ 0,10 por caixa de mandioca descascada.

Mas não é só no nordeste brasileiro que a exploração acontece. Uma fiscalização feita em Santa Catarina, em 1997, constatou a presença de muitos operários crianças e adolescentes – especialmente na faixa entre 14 e 18 anos –, não só nas fábricas de móveis como nas madeireiras.

O problema mais crítico verificado pelos fiscais foi a exposição dos pequenos trabalhadores aos riscos ambientais, semelhantes nas duas atividades: máquinas perigosas – serras, plainas, tornos etc.–, produtos químicos no tratamento da madeira, poeira e ruídos.

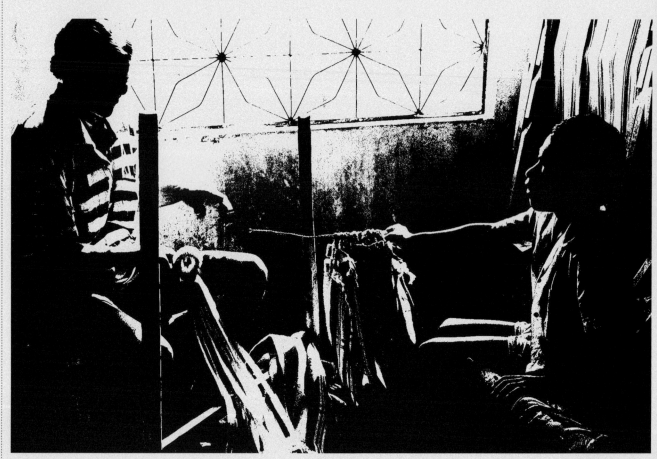

Manufatura de redes.

O PASSO EM FALSO

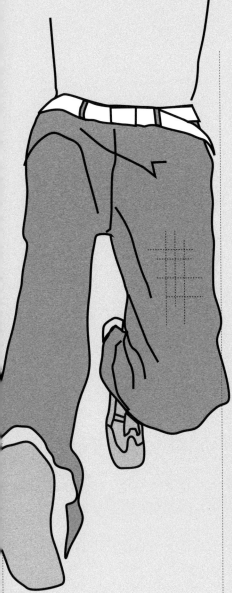

Em se tratando do trabalho de crianças e jovens nas indústrias, o setor de calçados, cuja produção faz do Brasil o quarto maior produtor mundial de sapatos, é um dos casos mais estudados e discutidos por entidades da sociedade civil organizada, sindicatos, pesquisadores e organizações governamentais e não governamentais que se dedicam à erradicação do trabalho infantil no país.

Essas indústrias estão concentradas em duas regiões: o vale do rio dos Sinos, no Rio Grande do Sul, maior polo produtor e exportador de calçados femininos, e Franca, cidade do interior paulista, maior polo produtor e exportador de calçados masculinos.

São quatro as fases na confecção dos sapatos: corte, pesponto, montagem e acabamento. Algumas partes do serviço são terceirizadas, ou seja, passadas para as famílias que o realizam em casa, no fundo do quintal, em garagens ou quartinhos disponíveis. São as chamadas "bancas", em Franca, ou "ateliês", em Novo Hamburgo e nas cidades do vale do rio dos Sinos.

O caso de Franca, situada a 400 quilômetros de São Paulo, com uma população de mais de 250 mil habitantes, foi alvo de uma atenção especial por parte do Sindicato dos Trabalhadores, em 1992.

Em 1993, uma pesquisa apontou na cidade a existência de 400 empresas — pequenas, médias ou grandes –, cuja maioria terceirizava a fase de pesponto e dos chamados "serviços de mesa", ou seja, colar, dobrar, aparar, cortar linha e lixar peças de couro, em contato com a cola de benzeno.

Diante da enorme dificuldade de fazer o levantamento nas bancas e nas casas das pessoas, a pesquisa foi feita nas escolas. Só foram entrevistadas crianças de 7 a 13 anos que, por lei, não deveriam estar trabalhando. Ficou comprovado que a grande maioria delas — 73% — trabalhava, realmente, nos serviços terceirizados pelas empresas.

Os pesquisadores chamaram a atenção para o fato de serem clandestinas mais da metade das 1.100 bancas das fábricas de calçado; sendo clandestinas, não eram fiscalizadas, e o trabalho se fazia em ambientes improvisados, com pouca ventilação e iluminação precária. Nesses locais era maciça a presença de crianças entre 7 e 9 anos, que desde cedo se expunham a condições inadequadas. Quase todos os pequenos entrevistados se queixaram de dor de cabeça, tontura, problemas nos olhos — todos eles devido à exposição ao cheiro da cola. Mas as crianças não tinham consciência de que esses distúrbios fossem causados pelo trabalho nas bancas.

Mais da metade dessa garotada trabalhava na própria casa ou em banca de vizinhos ou parentes. Quase metade cumpria jornadas entre 4 e 5 horas, mas um número considerável chegava a trabalhar mais de 6 horas.

A pesquisa cita o exemplo de uma menina que trabalhava das 7 às 11 numa banca, ia para casa almoçar, voltava e trabalhava das 12:15 às 13:30, ia para a escola das 14:30 às 18:50 e retornava ao trabalho das 19 às 23 horas.

Quanto ganhavam esses jovens? Pouco mais da metade conseguia tirar até meio salário mínimo; 17 em cada 100 conseguiam ganhar até um salário e apenas 3 em cada 100 recebiam até dois salários mínimos. A pesquisa também mostrou que pouco menos da metade dessas crianças e jovens entregava tudo o que recebiam para os pais.

Para terminar, preste atenção ao caso de Sandra, 35 anos, que vive em um bairro modesto de Franca e costura calçados com os três filhos, de 8, 14 e 17 anos. Recebe o serviço de uma banca das vizinhanças. A família vive em um dos inúmeros quintais existentes: habitações coletivas, com muitas crianças e os pais amontoados em minúsculos quartos, compartilhando banheiros e pias.

O menino mais novo não esconde a vontade de entrar no projeto bolsa-escola em que seu amigo Bruno, de 11 anos, está matriculado. Mas o olhar severo da mãe o impede de falar.

"Ele não vai porque tem de me ajudar, meu marido está desempregado. Tenho de costurar no mínimo 200 pares por mês, pois eles pagam R$ 0,50 cada um, para tirar uns R$ 100,00. Por dia, para fazer 20 pares é duro; precisa paciência, é um serviço que exige atenção, e você ainda tem de lavar, passar, cozinhar, limpar e com zoada de meninos. Às vezes eu perco a paciência. Aqui, ou é sapato, ou é roça, no café. Tem ano que o café está fracassado, não acha trabalho... Os meninos vão para a escola, mas eles não vão muito bem, não."

Finalmente uma boa notícia: os resultados das pesquisas realizadas mostrando a situação do trabalho infantil em Franca foram tão divulgados que diversos setores da sociedade, juntamente com o governo estadual e municipal e órgãos como a Organização Internacional do Trabalho (OIT) e o Fundo das Nações Unidas para a Infância (Unicef) se mobilizaram para acabar com o problema. A própria Prefeitura tem hoje um sistema de atendimento à criança, com bolsa-escola e várias atividades. Os empresários também criaram uma entidade para ajudar na profissionalização dos jovens operários.

Se foi possível em Franca, por que não pode dar certo em outros lugares?

Bem, agora que estamos conscientes do tamanho e da gravidade do problema, uma coisa podemos fazer: zelar ainda mais pelo cumprimento dos seus direitos.

Como?

Espero que, a esta altura dos acontecimentos, você já consiga encontrar uma resposta por conta própria. Aliás, mais que esperar, todos nós, da equipe responsável pela elaboração dos 13 jornais sobre a situação do trabalho infantil no país, contamos com isso.

O Brasil precisa de muitos semeadores. E precisa também de alguém que prepare o terreno para que as sementes possam se transformar em frutos, um dia. As autoridades que quiseram governar este país e foram eleitas pelo voto popular têm o dever de fazer, no mínimo, esta primeira parte do trabalho, para se sentir no direito de pedir, depois, a nossa ajuda, a ajuda da sociedade. Preparar a terra, no nosso entender, significa dar casa, comida, agasalho, escola, lazer e saúde para todos os cidadãos, especialmente para as crianças, de quem falamos até agora, pois só elas vão fazer germinar as nossas sementes.

Banca de calçados.

Crianças trabalham em casa costurando sapatos.

O debate promoveu a solução

A cidade de Franca, a **400 quilômetros** de São Paulo, acabou se tornando um verdadeiro laboratório social contra o trabalho infantil. Tudo começou com duas pesquisas feitas em **1993** pelo Sindicato dos Trabalhadores na Indústria de Calçado e Vestuário.

Das **1.561** crianças de **7 a 14 anos** entrevistadas em **16** escolas públicas, **73%** faziam os "serviços de mesa" do calçado, trabalhando com a cola de benzeno até **6 horas** por dia, a maioria recebendo meio salário mínimo ao mês.

As pesquisas geraram muita polêmica na cidade, durante dois anos. Resultado: o Ministério Público investigou as denúncias, acionando cinco indústrias e os pesquisadores tiveram de depor numa Comissão de Inquérito da Câmara Municipal.

Em **1995**, no calor do debate, o Ministério do Trabalho propôs um fórum amplo de discussão, fundamental para a realização de ações positivas contra o trabalho infantil. No ano seguinte, o empresariado local fundou um instituto voltado para atividades profissionalizantes para jovens. Nesse ano, também começaram o projeto de formação profissional para adolescentes de baixa renda (parceria Senac, Unicef e Unesp) e a bolsa-escola (sindicato-Unicef).

Em **1997**, a bolsa passou a ser gerenciada pela prefeitura, com mais atividades e jornada escolar integral. Dois anos depois, a prefeitura criou a Rede Criança e Adolescente, com ações conjuntas de várias secretarias. Hoje, **3 mil** crianças são atendidas na programação bolsa-escola, em parceria com o governo federal.

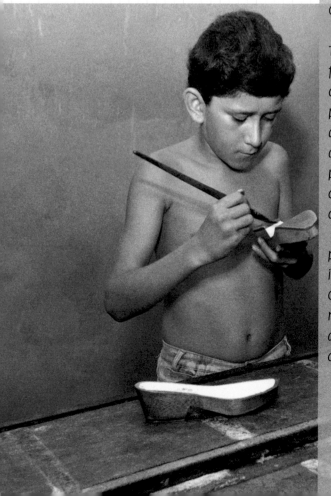

Para fugir da fiscalização, empresas repassam o acabamento das redes feitas nas fábricas para as famílias. Crianças trabalham em casa nesta etapa da produção.

Ao lidar com máquinas perigosas, crianças e adolescentes correm riscos de acidentes sérios.

que mundo é esse **trabalho infantil** recolhimento

As empresas repassam para as famílias algumas fases da produção do calçado. Um enorme contingente de crianças e adolescentes trabalha em casa, ajudando seus pais nesses serviços.

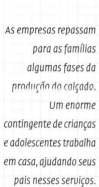

Crianças da indústria do calçado trabalham, na maioria, nos chamados "serviços de mesa": dobrar, aparar, costurar, lixar e colar peças de couro. Em contato com a cola de benzeno elas podem sofrer desde anemia até outras alterações do sangue mais graves.

da teoria à prática

Foi assim que terminou nosso último jornal, que reservou suas linhas finais para essa espécie de desabafo, depois de um ano dedicado às crianças que trabalham em nosso país. Mais que a nossa opinião, o nosso ponto de vista, era a manifestação dos sentimentos que tomava conta de todos nós.

E, voltando a falar de sementes, me lembrei de uma expressão que me chamou muito a atenção quando li alguma coisa sobre os trabalhos do Projeto Axé, na Bahia, que também se dedica à mesma causa, a das crianças exploradas. A expressão era "Canteiro dos Desejos", usada para dar nome ao espaço onde as crianças menores desenvolviam suas atividades.

Pois bem. Se todos nós pensássemos em preparar um canteirinho onde algumas crianças pudessem plantar seus desejos, e ajudássemos a cuidar dele para que esses desejos fossem atendidos, com certeza o Brasil seria, um dia, um grande jardim de sonhos realizados!

P.S.: Recebi uma carta da minha avó Laurita, contando que meu avô já está fazendo parte do Vovô Sabe Tudo, como "oficineiro" de culinária! Fiquei tão feliz quanto ela! Na próxima viagem, vou junto com ele para ensinar as meninas a fazer pão, minha maior especialidade na cozinha!

Ainda bem que terminamos os jornaizinhos antes das provas de final de ano. E sorte que não prejudicamos nosso rendimento escolar em função dessa atividade paralela, que exigiu boa dose extra de energia, mas que deu uma dose ainda maior de um tipo de satisfação que nenhum de nós ainda tinha experimentado.

Assim, nem o pessoal do colégio, nem o pessoal de casa teve motivos para reclamar; acabaram se preocupando à toa.

Mas, por falar em preocupação, uma semana antes do encerramento do ano letivo aconteceu um fato muito importante lá em casa. A dona Josefa, uma senhora ainda jovem, muito alegre e brincalhona, que vem duas vezes por semana para fazer a faxina, chegou com a cara fechada. Como até a hora do almoço ela não tinha dado um sorriso, nem pronunciado uma só palavra, minha mãe não aguentou:

— O que aconteceu pra você estar com essa cara de brava, Josefa? Foi alguma coisa aqui, com a gente? Se foi, diga, pois eu...

— Não senhora, dona Renata, não foi nada com vocês, não, imagine! Eu é que estou preocupada, muito preocupada!

— Pois então desabafe, mulher! Quem sabe a gente pode ajudar!

— Sabe o que é, dona Renata? É que neste ano que está acabando meu filho Jonas, de 7 anos, ficou em casa sem poder estudar, porque eu não encontrei vaga pra ele em escola nenhuma, ali por perto de casa. E a senhora, entende, né? É um ano perdido na vida do menino! E eu já estou com medo que aconteça a mesma coisa no ano que vem. A senhora já pensou que tristeza?

— Não, isso não pode, não vai acontecer, dona Josefa! – fui eu que pulei da cadeira, indignada! — Se a senhora tivesse dito isso antes, a gente poderia ter feito alguma coisa neste ano mesmo!

— Mas tem outra coisa, Madalena, que está me preocupando muito. É que o meu vizinho, que mora no barraco bem ao lado do meu, anda maltratando os filhos, sabe? Chega bêbado em casa, e por qualquer motivo sai batendo nas crianças.

— O quê?! — a indignação tomou conta da família toda.

— E a mulher não pode fazer nada, senão também apanha! Eu até já tentei falar com ela, disse que achava melhor denunciar, senão qualquer dia ele matava um de tanto bater...

— Calma, dona Josefa, calma. Acho que posso fazer alguma coisa, pelo menos procurar saber como a senhora deve agir num caso bárbaro como esse! E no caso da vaga para o seu filho, também.

— E o que pensa fazer, filha?

— O pai da Juliana, uma das alunas que participou dos jornais, pai, é membro do Conselho Tutelar, e já se ofereceu até para ir ao colégio, se a gente quiser, para falar um pouco do seu trabalho. Acho que chegou a hora de pedir a orientação dele.

— Que bom, Madalena! Fico orgulhoso de ouvi-la falar assim, tão firme e decidida!

E foi o que fiz, ou melhor, foi o que fizemos, lá no colégio. Quando digo "fizemos", quero me referir ao grupo que acabou se formando espontaneamente, ao longo deste ano que está chegando ao fim.

Algumas pessoas, talvez por afinidade, ou por temperamento, pela forma com que se envolvem com as coisas, bem, algumas pessoas se uniram de uma maneira muito forte durante a pesquisa e redação dos jornais. Estou falando do Jorjão, do Marcelo, da Susana, da Juliana e de mim, claro. A gente acabou formando um grupo que também se encontra para passear, ir ao cinema, dançar...

Bem, seguindo a sugestão da própria Juliana, resolvemos levar um papo com o pai dela e nos reunimos na casa deles, pois fazer uma reunião no colégio, praticamente às vésperas das férias, seria impossível. Ficou combinado que seria no sábado à tarde.

Quando chegamos, o seu Oscar já nos esperava todo solícito e sorridente, feliz por estar podendo ajudar, segundo suas próprias palavras. Como a Juliana já lhe havia contado do que se tratava, ele foi direto ao assunto:

— Bem, quanto ao caso da vaga na escola, se a dona Josefa realmente solicitou a matrícula do filho à escola, o Conselho Tutelar pode agir. Digo isso porque o Conselho não pode ser acionado sem que antes o cidadão tenha comparecido ao serviço do qual necessita, ou seja, sem que antes ele tenha tentado os caminhos normais para conseguir esses serviços, entendem?

— Sim, mas se a dona Josefa foi, pediu, não só a uma, mas a várias escolas, conforme ela mesma disse, o que deve fazer, então, para ter o direito do seu filho respeitado?

— Deve ir até um Conselho Tutelar para denunciar o fato. Imediatamente alguém vai entrar em contato com a Secretaria de Educação e solicitar a rápida inclusão da criança no ensino fundamental.

— E se a solicitação não for atendida?

— Será, sim, com certeza. A Secretaria de Educação não pode deixar de atender um encaminhamento feito pelo Conselho Tutelar.

— Bem, seu Oscar, e no caso das crianças espancadas?

— É mais ou menos a mesma conduta, Madalena. A mãe dessas crianças deverá primeiro denunciar o fato à polícia; se ninguém atender ao seu chamado, aí, sim, ela deverá apelar para o Conselho Tutelar, que imediatamente tomará as providências cabíveis.

— E se uma mãe leva o filho doente ao hospital, por exemplo, e não recebe o atendimento devido, ela também pode recorrer ao Conselho?

— Exatamente. Não só pode, como deve. Toda vez que ocorrer algum caso em que os direitos da criança, garantidos pelo seu estatuto, tiverem sido violados, o Conselho Tutelar entra em ação, desde que o adulto responsável já tenha tentado as vias normais e não tenha sido bem-sucedido. Deu pra entender?

— Deu, deu, sim, seu Oscar. Então quer dizer que, se a gente souber de alguma criança que esteja trabalhando e sendo explorada, deve denunciar a um Conselho Tutelar também?

— Exatamente, Madalena.

— Muito obrigada, seu Oscar. Foi ótimo. Agora, sim, vou poder orientar a dona Josefa e até outras pessoas que precisarem.

— Valeu, seu Oscar. No começo do ano que vem, a gente combina um papo desses lá no colégio, para mais gente poder ficar sabendo dessas coisas aí que o senhor acabou de falar.

— Combinado, Jorjão! É só marcar e mandar um recado pela Juliana, que eu vou lá para tirar as dúvidas e prestar todos os esclarecimentos.

— Ah, seu Oscar, e como é que a gente faria para conseguir o endereço do Conselho Tutelar, se não conhecesse o senhor? Ou do conselho mais próximo da casa da pessoa que vai precisar dele, no caso de haver mais de um?

— Bem, Susana, a pessoa deve procurar no fórum ou na prefeitura da cidade. Outra opção é pedir o auxílio da telefonista para encontrar o telefone do Conselho.

— Tudo bem, seu Oscar, valeu! Valeu mesmo, hein! Obrigadão!

Foi assim que pude ajudar a dona Josefa, e vai ser assim daqui pra frente, toda vez que eu ficar sabendo do caso de alguma criança que não esteja gozando dos direitos garantidos pelo seu estatuto. Não só eu, aliás, mas o nosso grupo e todas as pessoas que já se sentiam comprometidas com a luta contra o trabalho infantil, depois daquele ano todo de envolvimento com o trabalho.

No último dia de aula, sabe o que aconteceu? O diretor do colégio resolveu nos preparar uma surpresa de despedida, pode? Convidou todos os alunos que participaram da elaboração dos jornais, os coordenadores e professores que nos acompanharam mais de perto e, depois de um rápido e emocionado discurso, convidou o seu Antônio para entrar no pátio do colégio, com seu carrinho de pipoca e tudo! Pediu que ele se sentasse numa cadeira ao seu lado e ...

— Agora, seu Antônio, com sua licença, vamos pedir a outra pessoa que faça as pipocas, pois, como nosso convidado de honra, o senhor não vai trabalhar. Mas como vamos usar os ingredientes da escola no seu carrinho, a renda desta tarde será totalmente sua. E agora, pessoal, pipoca e guaraná para todos, por conta da casa! Boas férias e até o ano que vem!

Parece mentira que um cardápio daqueles pudesse nos satisfazer tanto, e, mais que isso, fosse capaz de nos emocionar tão profundamente, a todos, sem exceção! E mesmo detestando as rimas em ão, tenho que terminar dizendo... até o durão do Jorjão!

P.S.: Apesar de continuar me correspondendo com o Fran, de estar adorando isso, e estar até planejando um outro acampamento de verão, sabe que está pintando um clima entre mim e o Jorjão? Ele é durão no jeito, mas molinho no coração! Xi, se eu acabar ficando com o Jorjão, minha vida vai virar uma sucessão de rimas em ão! Que sina a minha, meu Deus!

a sociedade brasileira se movimenta

A luta contra o trabalho infantil é antiga, mas com a entrada do Brasil no Programa Internacional para Eliminação do Trabalho Infantil (IPEC), da OIT em **1992**, as ações de identificação e combate a essa prática se multiplicaram no país.

Conselhos tutelares e de defesa da criança denunciaram e continuam a debater e reivindicar ação nas situações de trabalho infantil. Centrais sindicais organizaram pesquisas e seminários, formando opinião e incluindo a supressão do trabalho infantil nas pautas de negociação salariais. Entidades de empresários criaram programas de certificação das empresas que não têm crianças entre seu operariado. Parlamentares nos vários níveis incluíram o assunto na agenda, e promotores públicos expuseram situações, exigindo providências.

Algumas prefeituras articularam pioneiramente programas de bolsa-escola, proposta depois ampliada pelo governo federal. O Ministério do Trabalho mapeou as regiões de trabalho infantil no país inteiro e reforçou sua fiscalização. O MEC fez convênios para capacitar professores e melhorar o sistema escolar em várias localidades.

Tudo isso seria impossível sem a criação, em **1994**, do Fórum Nacional de Prevenção e Erradicação do Trabalho Infantil, que articulou e priorizou as ações contra o trabalho infantil, tornando-se o espaço mais adequado para seu debate. Hoje, ele congrega representantes de **52** instituições governamentais e não governamentais. Seu alcance se desdobra em fóruns estaduais e municipais, presentes em todos os estados brasileiros.

Para consultar:

Fórum Nacional de Prevenção e Erradicação do Trabalho Infantil

www.fnpeti.org.br
Denuncie o trabalho infantil ligando para o número 100

Dados mundiais sobre o trabalho infantil:
www.oit.org
www.unicef.org
www.globalmarch.org

Prostituição e exploração sexual:
www.abrapia.org.br
www.cecria.org.br

Programas de bolsa-escola do governo:
www.mpas.gov.br
www.mec.br

Iniciativas e notícias sobre a infância no país:
www.andi.org.br

Trabalho dos catadores:
www.polis.org.br

Iniciativas empresariais, galeria de fotos:
www.fundabrinq.org.br
www.trabalhoinfantil.org.br

GRANITO

As jazidas de granito espalham-se por vários estados brasileiros: do Ceará a Santa Catarina. Crianças e adolescentes são responsáveis por pelo menos de 10 a 20% da produção das pedreiras.

OLARIA

As olarias em geral são micro e pequenas empresas. Elas usam tecnologia quase artesanal e empregam centenas de adolescentes para a fabricação de tijolos e blocos.

Rondônia produz 40% da cassiterita nacional. Segundo o Núcleo de Combate ao Trabalho Infantil e Proteção do Trabalhador Adolescente, em 1997, dos 2.500 trabalhadores do garimpo daquele estado, mais de 10% eram crianças.

Existe produção de carvão vegetal em Goiás, Bahia e Espírito Santo, mas os maiores produtores são Mato Grosso do Sul e Minas Gerais. Dados de 1999 estimaram cerca de 2 mil crianças carvoeiras.

TRABALHO DENTRO DE CASA

◈ PARÁ	BELÉM
◈ AMAPÁ	MACAPÁ

Segundo o PNAD/95 (Pesquisa Nacional por Amostra de Domicílio), 822 mil crianças entre 10 e 17 anos eram trabalhadoras domésticas, representando 16% do total de empregadas domésticas do país.

TRABALHO FORA DE CASA

◈ SÃO PAULO	SANTOS

O fenômeno das crianças na rua é característica de todo o país. São engraxates, vendedores, guardadores de carro, pedintes nos cruzamentos. Uma das atividades mais degradantes, no entanto, é a prostituição.

135

A criança trabalhadora aparece em vários setores da produção industrial em todo país. Muitas empresas empregam indiretamente a mão de obra infantil, como é o caso da indústria de calçados.

Trabalho infantil – O difícil sonho de ser criança
© Cristina Porto, Iolanda Huzak, Jô Azevedo, 1999

Diretor editorial	Fernando Paixão
Editora	Carmen Lucia Campos
Editora assistente	Marcia Camargo
Preparação de texto	Silvana Salerno
Coordenadora de revisão	Ivany Picasso Batista
Revisores	Agnaldo dos Santos H. Lopes
	Luicy Caetano de Oliveira
	Cátia de Almeida

ARTE

Projeto gráfico de capa	Vicente Gil Arquitetura e Design
Editora	Suzana Laub
Editor assistente	Antonio Paulos
Diagramação, produção, ilustrações	Nasha Gil
Edição eletrônica de imagens	Cesar Wolf

CIP-BRASIL. CATALOGAÇÃO NA FONTE
SINDICATO NACIONAL DOS EDITORES DE LIVROS, RJ

P881T

Porto, Cristina, 1949-
  Trabalho infantil : o difícil sonho de ser criança / Cristina Porto, Iolanda Huzak, Jô Azevedo. - 1.ed. - São Paulo : Ática, 2003.
  136p. -(Que mundo é esse?)

  ISBN 978-85-08-08499-9

  1. Trabalho infantil - Brasil - Literatura infantojuvenil. 2. Crianças - Brasil - Condições sociais - Literatura infantojuvenil. I. Huzak, Iolanda. II. Azevedo, Jô. III. Título. IV. Série.

09-5963.   CDD: 331.31
                            CDU: 331-053.2

ISBN 978 85 08 08499-9 (aluno)
ISBN 978 85 08 08583-5 (professor)

2014
1ª edição
7ª impressão
Impressão e acabamento: *Ricargraf*

Todos os direitos reservados pela Editora Ática, 2003
Av. Otaviano Alves de Lima, 4400 – CEP 02909-900 – São Paulo, SP
Atendimento ao cliente: 4003-3061 – atendimento@atica.com.br
www.atica.com.br

IMPORTANTE: Ao comprar um livro, você remunera e reconhece o trabalho do autor e o de muitos outros profissionais envolvidos na produção editorial e na comercialização das obras: editores, revisores, diagramadores, ilustradores, gráficos, divulgadores, distribuidores, livreiros, entre outros. Ajude-nos a combater a cópia ilegal! Ela gera desemprego, prejudica a difusão da cultura e encarece os livros que você compra.